創見文化，智慧的銳眼
www.book4u.com.tw　　www.silkbook.com

與壞情緒和解

和解

The Lesson for
EMOTIONAL
MANAGEMENT
that I wish I Had Been Taught.

一本最容易實行的
情緒管理手冊

立即見效，一輩子都受用的
10堂**情緒管理課**

潛能開發導師 **楊婕**——著

前言

　　情緒，是我們的各種感覺、思想和行為的一種綜合的心理和生理狀態，是我們對外界刺激所產生的心理反應，並會附帶一些生理反應，例如：喜、怒、哀、樂等；也是我們個人的「主觀」體驗和感受，常跟我們的心情和個性有關。

　　在心理學的研究當中，情感的概念與個性的形成、理性與非理性的思維、以及認知的動機有關。EQ（情緒商數，Emotional Quotient），是自我情緒控制能力的指數，是能讓我們認識、瞭解、控制情緒的能力，且EQ跟IQ（智商）不一樣，它可以經過指導而改善。

　　常說情緒是通往心靈的大門，它是我們內在世界的外在反映，我們確實可以從中學習到許多。

　　在很多情況下，你都會發現，情緒雖然常伴我們左右，但它卻不是個太聽話的傢伙。

　　例如：當聽到與你很要好的朋友，竟然在背後說你壞話的時候，你雖竭力想控制住自己的失落和憤怒，但這一切還是都表現在你臉上。

　　隨著社會節奏加快和人際關係的日趨複雜化，越來越多人因為承受過大的壓力，而開始出現情緒問題。學業、工作、家庭、人際關係……所形成的壓力排山倒海而來，讓不堪重負的人開始變得焦躁、不安、憂慮、恐懼、失眠、痛苦、自責、反應力遲鈍、易怒，常因為芝麻大的小事就暴跳如雷、歇斯底里地發脾氣，長期下來，更會引發更多的情緒相關疾病，如：憂鬱症、躁鬱症。

　　近年來，多數因不堪重負而自殺的社會事件頻頻發生，許多人選擇以自殺來「解脫」痛苦，這無不是在向我們敲醒一記警鐘——壓力導致的情緒問題，已經成為了二十一世紀最亟待解決的重大課題。

　　你或許也在困擾著，為什麼原本脾氣蠻好的自己，變得這樣易怒、沒耐性？

　　為什麼自己無法控制生氣的衝動？

為什麼稍有不如意的事就會覺得很沮喪？

為什麼經常莫名地有股想哭的衝動？

為什麼放假時也擺脫不了不安的感覺？

快樂，是我們性格上一種最原始的反應，然而，細看今日的高速、高壓時代，有多少人漸漸失去了快樂的本能，取而代之的卻是疲憊和痛苦。

其實，你應該瞭解，很多問題都是在應接不暇的日常生活中產生的，不是你沒有控制自己情緒的能力，而是你還沒有找到方法、時間和環境，靜下心來平復自己的情緒。也許你也曾忙裡偷閒地到戶外散心，也許你還抽出時間找好友訴說自己的倦怠和痛苦，但當一回到快節奏的生活時，你又再度被一連串的負面情緒襲擊了。

簡單來說，你需要「情緒管理」（Emotion Management）來幫助你回到情緒的常軌，「情緒管理」是指對個人和群體的情緒進行控制和調節的過程；而負面情緒是指以難過、委屈、傷心、害怕等為特徵的情緒，這些壞情緒無論是對個人，還是對團體而言，都是很大的危害。

長期的情緒困擾如果得不到解決，除了會降低我們的生活品質之外，還會使人喪失熱情，影響個人與他人的人際關係。

透過自我調節來改善情緒問題，這樣的做法沒有錯，但是為什麼問題並沒有得到完全的解決呢？那是因為情緒的調整它本來就不是一朝一夕就可以處理好的，如果你只想盡快解決所有問題，那只能說是「不可能」。

本書將從解讀情緒、掌控情緒、調整心態、消除憤怒、克服壓力、正視挫折、排解自卑、尋找快樂、自我暗示和學會「慢活」等方面，向讀者逐一闡述調節情緒的方法。只要你願意付諸行動，改變想法，那麼你的情緒自我調節能力將能逐步成長，甚至無堅不摧，使你不再為情緒問題所困擾，有效幫助你走出負面思考，做自己情緒的真正主人。

作者 謹識

目錄

contents

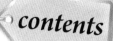

contents

Lesson 5

overcome

克服壓力——人生壓力是常態。

Lesson 6

actions

正視挫折——壞情緒轉為行動力。

Lesson 7

打開心結——別讓自卑否定你。 *change*

Lesson 8

尋找快樂——好心態是快樂藥。 *attitude*

Lesson 9

suggestion

自我暗示——喚起潛在的力量。

Lesson 10

slow

學會慢活——讓心情去趟峇里島。

Ten Lessons for emotional management that I wish I Had Been Taught

Lesson 1

express

解讀情緒
——情緒宜疏不宜堵。

情緒是我們的主觀感受，是對外界刺激產生的心理反應，同時，身體也會產生相應的生理反應。壞情緒影響我們的健康和做事的成敗，情緒不通則萬事不通。我們不該去遏止情緒的狂流，因為它會自行找到出海口；如果你硬要在狂濤前築起一道高牆，反而會造成失控，引起氾濫。

你的主觀想法，決定心情好壞

改變心情，就能改變事情的結果。

——美國高爾夫球傳奇人物傑克‧尼克勞斯（Jack William Nicklaus）

「一見你就有好心情，不用暖身就會開心。」

正如歌手李玟的成名曲之一《好心情》的歌詞，也許某人讓你一見就有好心情，也有可能這個某人讓別人一看就厭惡，而之所以會有這些反差的產生，是每個人的主觀意識不同造成的。

一般來說，能有效管理自我情緒的人更容易成功。只要我們留心觀察身邊的朋友，就會發現那些際遇較好、行事較順利的朋友，多半性情較為穩定，他們對任何事情都較能保持著正面的看法。

傑森失戀了，他始終擺脫不了情傷的打擊，情緒低落，甚至已經影響到正常生活。他沒辦法專心工作，沒辦法開心地笑，沒辦法去兩個人曾經去過的地方，因為他滿腦子都在想前女友有多麼無情無義。他覺得自己付出了很多感情，但最後卻得到這樣的回報，他很痛苦，也很悲憤。於是，他找了一位心理諮商師談談。

諮商師告訴他，其實他的處境並沒有他想的那麼糟。在他稍微放輕鬆之後，諮商師對他說：「如果有一天，你走到公園的長椅上坐著

休息，順手把你的眼鏡放在右側的椅子上，這時候走來另一個人，他慢慢地走過來，卻好巧不巧地坐在你的眼鏡上。這時候，你會怎麼樣？」

「我當然會很生氣啊，他怎麼可以直接坐在別人的東西上呢？根本是故意的嘛！」傑森想也不想地說。

「那我現在告訴你，他是個盲人，你又會怎麼樣呢？」諮商師繼續問。

「嗯……那他當然不知道我椅子上放了眼鏡。」傑森說，他想了一下，又說：「那還好，還好我只是放了眼鏡，如果被惡作劇的人放了釘子，或是椅子上的油漆沒有乾，那不就更慘了？」

「那你還會對他生氣嗎？」諮商師問。

「當然不會，他是不知道才坐壞的嘛，不是故意的，我不會生氣。」傑森輕鬆地說。

諮商師會心一笑說：「你看，同樣的一件事情：他坐壞了你的眼鏡，但是你前後的反應卻完全不一樣，你知道為什麼會這樣嗎？」

「可能是因為我對這個人的看法不一樣了吧……」傑森回答。

「那你想想，一個人跟其他人的差別，難道就只有眼睛看得見或看不見嗎？」諮商師問。

「我知道你想說什麼……我懂的……只是不想去面對……因為太痛苦了。」傑森泫然欲泣。

「我相信你可以做到的……因為你能瞭解與你截然不同的人的心情，不是嗎？」諮商師拍拍傑森的背。

⋯⋯⋯⋯⋯⋯⋯⋯⋯⋯⋯⋯⋯⋯⋯⋯⋯⋯⋯⋯⋯⋯⋯⋯⋯⋯⋯⋯⋯⋯⋯⋯⋯⋯⋯

對人事物的看法不同，能讓你的情緒表現完全不一樣。很顯然的，讓我們痛苦和難過的，多半都不是事件本身，而是我們對事件產

生了不正確的解釋和評價才造成的。

此外，情緒能夠影響人們處事的圓融與否。擁有好心情的人，總能以一個平和、良好的心態來對待周遭的人事物，所以，他能在自己人生的道路上走得更好。反之，那些總是被情緒輕易左右的人，只會讓消極的心態影響自己的成敗，不是容易驕傲自滿、不思進取，就是自暴自棄、鬱鬱寡歡。

也許你會說，現代人的壓力來源更多了，要每天都有好心情，簡直是強人所難。你我總是會被嫉妒、憤怒、憂鬱、恐懼、緊張、焦慮、煩悶、猜疑等不良情緒佔據心思。儘管這些喜怒哀樂對人性來說再正常不過了，但「隱患」就藏在這些負面情緒當中，就好比一個小小的菸頭便能引發燎原之勢，這些再平常不過的情緒，都會直接影響我們的處事順利與否。

當我們心情好時，做任何事都遊刃有餘；心情差的時候，即便是再熟悉不過的事情也會出大紕漏。世事不可能都一帆風順，但如果我們能擁有一個樂觀、正面的心態，就能抵擋得住人生道路上的狂風暴雨。

你的心，是你真正的主人。不是你去駕馭生命，就是生命駕馭於你，而你的心態又將決定誰是坐騎，誰又是騎師。當壞心情凌駕於你的理智之上時，你只能任由它恣意妄為地影響你的生活；如果好心情總是伴你同行，那它將能為你錦上添花。

然而，在日常生活中，我們該如何才能更簡單地找回好心情呢？

找回好情緒 *tips*

☺ 試著在工作中找快樂

你說你不喜歡你的工作,這是很常見的事情。試問,世上有多少人真正從事著自己喜愛的工作呢?幾乎是寥寥可數。

既然如此,我們何不用積極的心態面對自己的工作,找出工作中的「樂趣點」呢?如此你就能找到工作的快樂、發掘自己的能力、創造出價值,從而獲得成就感和愉悅感。記住,並不是只能從工作當中「得到」負面情緒。

只有你先找到工作能帶給你的快樂,才能最有效地讓你視負面情緒於無物。

☺ 對自己好一點又何妨

現代社會工作繁忙,生活壓力過大,萬物皆漲,就是薪水沒漲,也因此讓許多人勒緊褲袋,大省小省,甚至把自己的快樂也一併「省下」了,但剩下的只有「忍受」和「痛苦」。

有些人可能會為孩子簡單地慶祝生日;會為父母親買些衣服補品;甚至會為萍水相逢的人慷慨解囊(如台東的菜販陳樹菊女士,慷慨捐出大半輩子的積蓄來幫助他人),自己吃的用的,卻是節省到「無私」的地步。

然而,「愛自己」並不是件壞事,如果你鎮日為了生活、為了別人犧牲自己,那偶爾對自己好一點是無妨的,相信那些經常受你照顧的人也會希望你快樂。

你也可以偶爾犒賞自己,為自己買一件喜歡的衣服,吃一餐豐盛的餐點,喝一杯好久沒喝的手沖咖啡,或者放幾天假、出去走走。你會發現,像這樣的小快樂能支持你繼續往前走,這也就是現在常說的小確幸吧?

☺下班後，記得找快樂

在自身經濟能力允許的情況下，不妨空下時間「找快樂」。很多上班族朋友都喜歡假日泡夜店、喝喝酒來釋放壓力，放鬆心情，其實找快樂的方法有很多。

你可以找幾個朋友吃吃飯，聚一聚，還可以喝個小酒、天南地北大聊一番，藉此來遺忘生活上的煩憂；如果你是已屆適婚年齡的輕熟男、輕熟女，你還可以參加一些聯誼活動，多結交一些異性朋友，擴大你的人際交友圈，說不定你的Mr.Right或Miss.Right就藏身在其中。

工作總是忙碌的，不會有做完的一天。因此，無論你有多忙，都需要抽點時間去做自己喜歡做的事情，將自己的喜好與朋友的邀約視為工作，同等地慎重對待才是正確的。否則，在你的「工作至上」之下，被犧牲的永遠都是家人及朋友，當然這也是在考驗我們的時間管理能力。

☺打扮，能讓你更開心

人們常說：「女為悅己者容」，大多數的女性會為了討欣賞的對象歡心而打扮自己，但也有不少女性純粹為了「自己的心情」而打扮。因為，只要換個新髮型、新髮色；穿件新洋裝、新鞋子，都會讓自己的心情煥然一新地雀躍起來。

如果我們透過打扮能讓自己的心情更好，那麼，男性當然也能如此。

如果一個人的精神總是萎靡不振，以「吸引力法則」的觀點來說，他就較容易招惹到霉運，或是吸引負面情緒到來。所以，我們平時就要注意衣著的打扮，充滿自信地抬頭挺胸，帶著微笑，想像自己是一個幸福快樂的人，時時擁有好心情。

☺善良，堅定，自有傻福

「生命就像一盒巧克力。你永遠也不會知道你將拿到什麼」。

看過《阿甘正傳》（Forrest Gump）的人都會認為阿甘這個傻小子實在很走運。然而，締造阿甘精彩人生的關鍵，就在於他的心態。他單純善良又信念堅定，因而能達成一般人想不到或做不到的事。

在生活中，面對壓力與痛苦，不要總想得太複雜、太悲觀。當你心情不好的時候，更可以趁這時候幫助別人，所謂「助人為樂」，在幫助別人的同時，你也將沾染到受助者快樂的心情，將自身煩惱拋之腦後。

抒壓小撇步

寬容是解藥

正如我們永遠只對自己最愛與最親的人生氣，試想一下，你可曾對你的上司或老闆發火嗎？當你在面對外人時，總是可以表現得心平氣和、感激寬容，但面對自己最親近的家人時，往往一點小事就足以讓你惱怒，甚至出言相傷，這豈不是本末倒置？人生多一些寬容，就少一點後悔，多一點快樂。

別壓抑，怒氣宜疏不宜堵

一個人在盛怒的時候，再如何清晰的思緒，也會變得混亂不堪。

——喜劇演員　比爾·寇斯比（Bill Cosby）

現代人很習慣壓抑自己的情緒，而不是「調整」自己的情緒。

會導致這樣的原因，一方面是我們已經習慣隱藏自己的真實感受，另一方面是我們真的很忙，忙得無暇顧及自己當下的不滿。只能先「忍一忍」、再「忍一忍」，等到累積已久的憤怒火山終於一觸即發時，才恍然大悟，原來自己這麼生氣，忍了這麼久。

但是，等到這種時候，憤怒的「火山灰」波及到的地方都很難挽救了。

又到年末了，艾莉的「火山症候群」又爆發了。

不知道為什麼，一直以來，艾莉的暴躁性格總是會在年末開始爆發，但年末偏偏是一年裡最忙碌的時候，也因為這樣，艾莉常常因為自己的情緒而影響到工作，同事們都避之唯恐不及。

這天，楊經理走到艾莉的辦公桌前，冷淡地說了一句：「我覺得妳應該喝點咖啡。」哈欠連連的艾莉連忙恭敬地回應。因為，年末的這個時候，是上司們打考核分數的重要時期，他們會根據員工的工作

表現來發年終獎金。更重要的是，公司在過年前，還會有一次關鍵的人事異動，因此很多人在這時候都繃緊了神經，不敢有絲毫懈怠。

艾莉是公司裡表現認真的員工，她對自己的表現特別在意，總是希望得到上司更多的認可和鼓勵。然而這種時候卻又偏偏控制不住自己的情緒，因此常常失眠，所以上班的時候才會精神不濟。在經理建議她喝咖啡之後，她的心裡更是忐忑不安。

對艾莉來說，年末時的煩惱還不只一件，她會以老闆的立場來考察自己的表現，每當她回顧自己一年來的表現時，心裡就會更擔心。她總是覺得，自己在過去一年的表現似乎平平，甚至可以說是「瞎忙」，那些年輕同事的表現，讓她無時無刻充滿了危機感。每當這種時候，艾莉都會覺得煩悶、不安，而這些擔憂都嚴重影響了艾莉的工作和生活。

屋漏偏逢連夜雨，偏偏這種擔憂都會出現在艾莉最忙的時候。公司即將放假，許多工作都集中在這段時間結案，工作量明顯多了起來，但她的情緒狀態卻很糟，艾莉越來越緊張，擔心和焦躁經常伴她左右，導致情緒不穩定的她反而會犯一些基本錯誤，但艾莉對自己的這種狀態無能為力。

終於撐到放假回鄉，這時艾莉又面臨另一個麻煩的問題——買車票。每當快過年前，客運、火車、高鐵往往「一票難求」，對很多人來說，搶票是一個很煎熬的過程，儘管艾莉已經提早想到了，但還是很難買到票，經過一段時間的「纏鬥」之後，艾莉好不容易買到一張站票。對於許多搶不到票的人來說已經算幸運了，但她始終覺得不開心，即便已經快要可以回家過年了，仍提不起精神來，因為光想到要在車上站幾個小時，她就開始覺得疲倦了。

這種情況會一直持續到假期開始，艾莉才會慢慢調整過來，但如

果每年她的「年末火山」都得爆發一次，那可怎麼辦？想到這裡，艾莉就覺得渾身無力。

....

　　艾莉的「年末火山症候群」，其實就是長期以來所累積的壞情緒，在年末大關的壓力之下一次爆發的表現。

　　大禹治水的道理是——「水流宜疏不宜堵」。壞情緒之於人們，就像水之於河流一樣，越堵塞，水位就越高，最終就會釀成難以招架的洪災。情緒也是一樣，如果你不能有效地發洩出來，那這些負面情緒所帶給你的不良影響也將會一發不可收拾。

　　火山的能量累積到一定程度是會爆發的，人類也是一樣，情緒若是累積到一定程度，是需要釋放的！長期來說，如果我們的不滿、失望、煩悶、焦慮、恐懼等負面情緒越積越多，我們脆弱而單薄的意志就會被這些情緒一點一滴吞噬。最後，讓你的思考習慣走向負面，污染你的心情，摧毀你的健康，更會影響你的正常工作和人際關係。

　　把怒氣循正常管道發洩出來，這並不是不成熟的表現，反而是懂得調整自己、對自己好的聰明事，只有人們的情緒恢復到正常狀態，生活和工作才能再度步入正軌。

　　那要如何才能及時疏通情緒，讓自己不至於因情緒爆發而釀成災禍呢？你可以從以下幾個方面入手：

The Lesson for emotional management that
I wish I Had Been Taught.

找回好情緒 *tips*

☺ 遠離讓你憤怒的現場

火氣上來時，一個眼神、一句話都可能成為導火線。所以，三十六計走為上策，先離開現場，冷靜之後，再仔細想一下，也許你就會發現這件事其實沒什麼大不了。沉默一分鐘的時間微不足道，但是若能在發生衝突前暫停一分鐘，那就是非常寶貴的。

☺ 親友是你的「好垃圾桶」

如果你心中經常充滿著憤怒，怎麼做也無法抒發完全，那麼你不妨找最好的朋友幫助你，讓你的不滿像滔滔江水一樣的發洩出來，或是你可以找個枕頭，把不愉快和憤怒付諸於「武力」之上。如果面對困難，你覺得孤立無援，那麼你應該尋求朋友和親人的安慰。因為與朋友的一次電話交談的效果，遠勝於服用一顆鎮靜劑。

當然，這種方法並不是要你不斷去強化壞情緒，如果這樣想，就失去實質上的意義，你也不能太頻繁地對朋友吐苦水，強迫別人不斷地承受你的負面情緒，否則就偏離了這樣做的初衷。你要能學會在發洩過後，一切重新開始的情緒模式。

☺ 將憤怒化成汗水蒸發

當你覺得很氣憤，心情很差的時候，不妨做些運動，將壞心情化為汗水蒸發。你可以選擇跑步，選擇游泳，因為運動既可以鍛鍊身體，又可以發洩負面情緒，甚至可以增強你的意志力，最重要的是，在運動過後，你的心情也能更為舒暢。運動

是治療負面情緒的無藥良方，如果你能養成固定運動的習慣，就更能調適自己的心情。對於上班族來說，即便工作繁忙，也可以在生活中多運動，例如：能騎車就不開車，能爬樓梯就不坐電梯等等，一點都不難。

合理宣洩情緒，方法不只一種

每當你開始出現負面情緒的時候，你可以將自己的不滿、痛苦，記錄在日記、網誌裡，或者是在FB上發文，相信跟你有過同樣經驗的人會願意幫助你的，只要你能找到地方讓自己傾訴，那什麼方法都可以。

你可以選擇讓自己獨處，或是跑到沒有人的空曠地方，讓自己冷靜一下。此外，你還可以買些東西犒賞自己，如果你不心疼錢包的話，購物也是一種有效方法。如果你是女孩，甚至可以暫時放棄減肥計畫，開開心心地大吃大喝一場。若這樣便能讓你回到正常狀態，那瘋狂一下又何妨。

如果你比較喜歡靜靜地抒發自己的情緒，你也可以在家裡看幾部DVD。它可以是喜劇片、恐怖片和愛情片，只要能讓你轉移注意力，這就是一種好方法。

當然，此時較推薦你的會是勵志類的電影。當你看了許多人生不如意的人如何活出自己的新生命時，再想到自己所在意的事情，此時是顯得那麼地微不足道。或許，你就能意識到自己的態度應該是做改變的時候了。

The Lesson for emotional management that
I wish I Had Been Taught.

多數的疾病，少不了壞心情影響

1-3

> 害怕痛苦的人，已經在承受他所害怕的痛苦了。
>
> ——法國散文家　蒙田（Michel de Montaigne）

人們的疾病大多是因為感染細菌、病毒，或是飲食不當與生活習慣不良等所造成，但是由心理影響生理的例子也是時有所聞，「壞情緒」是一般人常常會忽略的一個讓健康受影響、讓病情加重的因素。來看看這個故事。

《最後一片葉子》是美國作家歐‧亨利（O.Henry）的一篇知名度極高的短篇小說。

故事裡敘述著兩名年輕畫家蘇和瓊西，他們合租頂樓當畫室。而樓下住著一位叫柏曼的老畫家，他的生活也是窮困潦倒，一直想畫出一幅傑作，卻始終找不到適當的題材。

瓊西的身體不好，意外感染上了肺炎。她躺在床上，病得很重，蘇盡心地照料她，深怕肺炎隨時會奪走她的生命。

有一天，醫生對蘇說：「你的朋友恐怕熬不過去……能不能過這一關，全靠她自己了。如果她還有求生意志想活下去，那也許能出現奇蹟。」

瓊西躺在床上，看著窗外磚牆上的常春藤，一邊數著被風吹落的樹葉。

她說：「妳看，樹上的葉子快掉光了……現在只剩五片了。等到最後一片葉子掉落的時候，就是我離開的時候……」蘇趕緊說：「不要亂說，妳一定會好起來的！」

蘇很擔心瓊西，於是到樓下找老畫家商量。

這天夜裡，風雨交加，蘇很害怕。因為那麼大的風雨，那幾片葉子怎麼可能熬得過今晚呢？第二天早晨，沒想到經過一夜風雨的吹打，樹上還有最後一片葉子牢牢地抓住枝條不放。

蘇鬆了一口氣，但瓊西卻說：「這最後一片葉子，一定熬不過今晚的……它掉了，我也留不下來……」

又經過了一整晚的大風大雨，瓊西一大早便叫蘇幫她拉開窗簾。

當窗簾一拉開時，那最後一片葉子仍牢牢地黏在老樹的枝條上，令人訝異。瓊西看了無法置信，像是有所徹悟地說：「我……我就是那最後的葉子啊……是風雨打不倒的葉子……」瓊西的病情也因她的配合治療而漸漸穩定下來。

隔天早晨，蘇從樓下上來，她對瓊西說：「告訴妳一個令人難過的消息……樓下老畫家柏曼走了，他得了急性肺炎，是在醫院去世的……」蘇又說：「老樹上只剩五片葉子的那天晚上，我把妳的事情告訴了柏曼。第二天早上，管理員就發現後院一片混亂，地上有倒了的梯子和調色盤，還有油畫刷子和一盞已經熄滅的油燈。大家都不知道他在狂風暴雨的夜裡在後院做什麼……但是我知道，他為了妳，在樹上最後一片葉子掉落之後，冒著風雨出門，爬上梯子，在磚牆上畫下那片永不掉落的葉子……他一直想畫出一幅傑作，可是誰都不知道，他的傑作卻是畫在鄰家的磚牆上……」

歐亨利的這篇小說至今仍令人難忘，儘管它是一篇虛構的故事，但多數的研究報告都指出，「病由心生」是有根據的結果。

　　例如，美國俄亥俄州立大學（OSU）的研究人員進行了一個實驗，他們在已婚夫婦的手臂上安裝了能產生水泡的抽氣裝置（模擬傷口之用），並對他們進行測試。

　　這個測驗結果是：當夫婦被問及過去曾意見不同且激烈爭吵過的問題時，「傷口」康復的速度竟然比在正常情況下慢了40％。

　　可見，你的心情將會大大影響你的健康，真的不可不慎。以下說明幾種情緒引起的病情類型：

　　◆情緒性胃病：「情緒性胃病」主要是因為人的緊張、焦慮等不安情緒反射到胃，導致上腹部疼痛，會出現像是胃痙攣、腹脹等症狀，通常等到焦慮解除之後，症狀就能減緩。

　　要預防這種胃病的發生，《黃帝內經》中的《素聞‧上古天真論》就說了：「人們如想得到健康，就要做到『美其食，任其服，高下而不相慕』。」這意思是說，做人要淡泊名利、自得其樂，即便在吃粗茶淡飯，也像在吃山珍海味那般香甜；穿平常的布衣時，也像穿著綾羅綢緞那樣舒適；看到別人當官了，自己不羨慕也不嫉妒，對任何事都淡然處之，毫不動心。也就是說，要養成正面的心態、樂觀的情緒，還有淡定自如的生活態度，這樣才能延年益壽。

　　◆季節性情緒失調：有些人在炎熱的夏天非常活躍，精神很好，但一到了冬天，卻感覺整天都懶洋洋的，顯得意志消沉又鬱鬱寡歡。像這種時候就要注意了，可能是受到「季節性情緒失調」（seasonal affective disorder, SAD）的影響，出現嗜睡、心情抑鬱及失眠的症狀。這是大腦沒有接收足夠的太陽光引起的，因為日光能激發調節心

情的荷爾蒙血清素。

在人類演化的初始，這種症狀其實是種生存優勢，能促使人類在冰寒地凍的冬天裡放慢腳步，如此才得以維持體力，以利生存。

要改善這種症狀，我們可以找個明亮的地方待著，像是在家「拈花惹草」，或是挑個有陽光照進來的房間睡午覺，又或者可以到戶外走走，總之，曬太陽就能改善這種症狀。

◆**情緒性疲勞**：「情緒性疲勞」是指當我們長期從事一些單調又機械性的工作活動時，伴隨著身體肌肉的疲倦，中樞局部的神經細胞因為持續的動作而開始出現抑制，使我們對工作或對生活的熱情與興趣明顯降低，甚至會感覺到「疲勞」、「厭倦」。

如果想消除情緒性疲勞，就需要針對每個人產生心理疲勞的不同原因進行改善。例如，適當地降低對自己的期望，適時提醒自己「Relax」一下，避免人體長時間的高負荷運轉。這就好比你將一台正在高速運轉的機器慢慢地減速，甚至稍微停止之後再繼續工作，這些都可以讓人從煩躁不變的環境中跳脫出來，重新注入新鮮的活力，能讓你的心情一下子輕鬆許多。

◆**情緒性頭痛**：「情緒性頭痛」是現代很常見的症狀（或者說是職業病），頭痛的部位不一定是固定的，一般的表現為頭部產生緊繃感、重壓感、刺痛等程度不一的不適感。如果引起的原因是情緒波動或失眠等關係，那病程通常會較長，病情的起伏也較大，甚至會有心悸、冒汗、四肢麻木或發涼等症狀。

那該如何改善這種問題呢？因為醫界證實恐懼、緊張、焦慮等負面情緒是引起頭痛的一個重要因素，所以我們應該適時地保持良好的情緒與樂觀的態度，當發現自己已經開始鬱悶不安而導致頭痛時，就要強迫自己轉移注意力，或是藉由運動來舒緩情緒。

◆圍城高血壓：在二次世界大戰期間，發生了近代史上最為血腥的戰役——史達林格勒戰役（德語：Schlacht von Stalingrad），這場戰役是德國及其盟國與蘇聯，為爭奪蘇聯南部城市史達林格勒城（Stalingrad）所發生的戰役。當時德國人包圍了蘇聯的史達林格勒，而城內的蘇聯人面對德國人兵臨城下的緊迫戰情，使許多人一夜之間便得了高血壓，這就是歷史上有名的「圍城高血壓」事件。

從這個典型的事件可以看出，緊張、害怕、焦慮等心理因素會直接影響到我們的身體反應。上班族普遍生活在龐大的工作與生活壓力之下，也要慎防「圍城高血壓」的發生。

此外還有許多由情緒引發的疾病，例如，長時間的緊張使抵抗力減弱而容易感冒；情緒起伏過大而誘發氣喘；又或者是處於緊張、焦慮等狀態時，容易引起胰島細胞的功能障礙，導致糖尿病等多種疾病，甚至有致癌的可能，讀者朋友們不可不注重情緒的調節。

在競爭異常激烈的現代社會，我們很容易因為各種事情而忽略自己的健康，特別是年輕人，多半仗著年輕有本錢而過度揮霍健康。等哪一天病倒之後，才發現原來自己過的是「年輕時賣命賺錢，年老時卻拿賺的錢看病」的賠錢人生。因此，每個人都應該及早意識到自己的情緒問題，更要保持身心靈的健康，才能迎接更美好的生活。

找回好情緒 *tips*

☺ 心靜，血壓穩

　　現代人太浮躁，很容易因衝動起爭執，這些都是情緒化的表現。然而，情緒化的結果就是讓你的心情和健康大起大落，其影響力絕不亞於股市對人們精神的迫害。

　　其實我們無非是在強調，雖然「靜心」不是件容易做到的事，但要盡量保有一個平穩的心態，吃淡一點，看淡一點，任何事都不要太強求，對萬事都保持著一顆平常心，心平氣和地對待身邊的人事物，自然就能減少血壓竄高的機會了。

☺ 心病還需心藥醫

　　事實上，醫學研究證實了改善情緒能增加治癒疾病的成效。想讓身心更健康，我們就要保持好心情，無論遭遇什麼疾病，我們都不能自暴自棄，讓自己陷入憂鬱的深淵，一定要相信積極的心態能轉換成力量，幫助你的身體打敗病魔。

　　你可以每天做一些力所能及的事情，例如，散散步或是畫畫、寫文章、聆聽音樂等等，最重要的是，要先克服對病魔的恐懼，不要認為自己很難痊癒，如此一來，心態積極了，健康也就慢慢跟著你的好心情回來了。

☺ 心寬一寸，病就退一尺

　　心胸開闊就能笑看人生，還能從容地面對遭遇到的困難和挫折。

　　所謂知足常樂，就是凡事感恩你所擁有的，與其整天悶悶不樂、怨天尤人，不如將得病這件事看成一種上天的考驗，或是一種讓你重新學習的機會，以正面、積極、配合的心態去看

待，如此便能釋放出你的靈魂，客觀地學習此次人生所要「教給你」的課題。

如此，當你的心態對了，生理機能就能逐漸通暢，該吃的吃，該喝的喝，那疾病也會漸漸離你遠去。

拿出信心，提高你的免疫力

當然，我們始終都要保持著一股能戰勝疾病的信心，「堅定的信念」就是你我生存下去的希望和勇氣，只要有信心，就算是催眠自己也好，都能看到它的成效。

而缺乏信心的人，他的消極情緒會逐漸影響身體的免疫系統，導致免疫系統功能的下降。當我們已經能掌控情緒了，就一定要能充滿笑容地面對人生中遭遇的挫折，在無形中替自己築起一道免疫的牆，以自信、強大的氣勢活出快樂。

抒壓小撇步

心懷感激

當你能在內心滿懷著感激時，這就是一種治療。專家提出類似「感激」、「愛」，或是「滿足」這樣的情感，都會刺激我們的腦下垂體後葉激素的分泌，它會使神經系統放鬆，減輕壓抑感，而體內各組織的含氧量也會明顯地增加，就像是接受了康復治療一樣。

1-4　影響你情緒變化的那些事

災禍和幸福，像沒有預料到的客人那樣來來去去。它們的規律、軌道和引力的法則，是人們所不能掌握的。

——法國作家　雨果（Victor-Marie Hugo）

我們都知道，曹操在盛怒之下，使一代名醫華佗死於獄中，如果當時他能夠及時控制住自己的情緒，並能冷靜思考殺了華佗之後的後果，也許他就不會做出如此愚蠢，又後悔終生的事了。

⋯⋯⋯⋯⋯⋯⋯⋯⋯⋯⋯⋯⋯⋯⋯⋯⋯⋯⋯⋯⋯⋯⋯⋯⋯⋯⋯⋯

三國時期的曹操，早年曾患有頭痛，中年以後病情更加嚴重，每次復發都痛得難以忍受，許多醫生治療之後仍不見成效。這時候，曹操聽說華佗因醫術高明而聞名天下，於是便請華佗為他醫治。

日後，華佗前來，用針灸在曹操胸椎部的鬲俞穴扎了一針，片刻之後，曹操雙目清澈，頭痛也止住了，意識清醒許多。曹操大喜，如遇神醫。但華佗覺得並不樂觀，坦率地對曹操說：「您的病已經是腦裡的舊病頑疾，一時之間是無法完全治癒的，必須靠長期治療來緩解病情，這樣也才能保證您的延年益壽。」

於是，曹操便命令華佗留在府中做自己的侍醫，供他個人使喚。但對於以「醫澤世人」為己任的華佗來說，此舉便壞了他的偉大抱

The Lesson for emotional management that
I wish I Had Been Taught.

30

負，擔任這種形同奴役的侍醫，心中有百般的不樂意。

一代的梟雄曹操南征北討，心狠手辣，荼毒生靈，殘害了許多老百姓。華佗與老百姓休戚與共，非常同情他們，對曹操的劣行非常悲憤，於是便藉口回家替曹操找藥引，就這樣，華佗一去不復返。

華佗離開後，頭痛始終困擾著曹操，他寫了很多信，希望華佗儘快回來，然而他卻以妻子病得厲害為由，再次拒絕曹操。接到華佗的消息後，曹操惱羞成怒，立即派人到華佗的家鄉調查，並囑咐探訪的人：「如果華佗的妻子果真病得厲害，那你們就送他們四十斛小豆，並寬限他數日。假如他使詐，你們就立刻將他逮捕治罪。」

不久之後，華佗被押送到許昌，曹操派人對他嚴刑拷問，但面對霸道蠻橫的曹操，華佗矢志不移，至死也不願意做他的侍醫，曹操勃然大怒，準備殺死華佗。此時有位謀士上前制止，他說：「華佗醫術高明，乃世間少有之能人，天下人的性命都寄託於他，希望丞相能寬恕他。」但曹操卻一意孤行：「沒必要擔心，就權當天下沒有這樣的鼠輩！」曹操就這樣將對中國古代醫學有重大貢獻的神醫殺害了。

華佗臨死前，在牢獄中還心繫著天下百姓，將整理好的醫著《青囊經》交給獄卒：「這本書傳予世人，可以治癒天下人的疾病。」然而，這名獄卒的妻子因為害怕受到牽連，便焚毀了這部醫學寶典。

後來，曹操的頭痛越發嚴重，醫生們都束手無策。不久之後，曹操最喜歡的六歲就能稱象的兒子曹沖，也得了重病，不治而亡。曹操非常悲痛，後悔當初殺死了華佗，他只能感嘆道：「吾悔殺華佗，才使此兒活活病死。」

首先，曹操患有頭痛，常常痛得無法忍受，而這種疾病多少會影響曹操的情緒，使他易煩易躁，最終遷怒、歸罪於華佗；其次，華佗

以不恰當的方式一再推託，又刺激了原本心情就不好的曹操，使其更為憤怒；其三，華佗寧死不從的傲氣使得「挾天子以令諸侯」的當朝丞相顏面無存，曹操自然不會輕易放過他了。

可見，不良的情緒很容易讓我們失去理智而釀成大錯，影響情緒變化的因素有很多，其中最常見的有以下幾種：

找回好情緒 *tips*

☺ 環境：創造出讓自己感到愉悅的環境

大自然的變化會影響人們的情緒。陰雨天的時候，我們的情緒會低落；天氣晴朗的時候，我們的心情自然而然就會比較好。某些典型的情景也會影響我們的心情，例如登高望遠時，會產生一種遼闊或是蒼涼之感；而面向大海時，心裡就會覺得洶湧澎湃，或是產生人類是渺小存在的想法。

風景怡人的地方總是讓人神清氣爽、心曠神怡，當我們呼吸到新鮮空氣，感受到蔚藍的天空時，心情也更舒暢了。即便是很簡陋的地方，只要打掃乾淨、舒服，也能讓我們覺得身心放鬆。相反地，灰濛濛的天空會讓人覺得壓抑與煩悶，髒亂不堪的環境也總讓人感到不適，更不用說那些吵鬧、擁擠的街道會讓人產生窒息的感覺了。

由此可知，環境對人們情緒的影響很大，我們更應該為自己的健康營造出良好的生活環境，使自己能經常感受到輕鬆、自在、舒適的感覺。如果我們能多接觸一些積極的景象，創造出讓自己感到愉悅的環境，那麼也就能讓身心更穩定、舒服了。

人體：在低潮期避免從事重要工作

我們人體的生理活動也會影響情緒。一般情況下，處於人體生理高峰的人，心情往往比較好，較充滿自信，工作效率也比較好；而處於生理低峰的人，情緒往往較低落及不穩定，容易出現一些煩躁、疲憊等狀況。

而通常在中午和黃昏兩個時段，我們的生理曲線都會處於低谷。此外，最明顯的還有女性的生理期，每當在生理期前夕，多半女性朋友們的情緒就會開始不穩定，容易煩躁，為小事而發脾氣、掉眼淚。如果處在這種低落的時期，我們就應該避免在這時候從事重要的工作。

是你決定自己快不快樂

我們的認知是有限的。有時候，明明是令人開心的事情，卻會因為人們立場的不同，看法不同，而產生截然不同的感受。

例如，你的上司對待你的態度其實是普普通通，但如果你本身就厭惡他，那即便他交代下來的是一件芝麻小事，你也會認為那是故意針對你的。但實際上，上司可能從來都沒有對你抱持著什麼偏見，或許他還認為你是個不錯的員工，只是他不善於表達而已。記住，所謂「外界的變化」並不能徹底左右你的心情，只有你能決定自己快不快樂。

多數負面情緒來自你的性格

所謂「性格影響心情」，在生活中，多數的壞情緒都跟我們的個性有關。

例如多愁善感的人會顯得較被動、拘謹、敏感，容易產生消極的反應；而好強的人往往容易堅持己見，表現固執、較為無禮或急躁。

此外，外向開朗的人較樂觀、積極，但往往也容易衝動、暴躁等，雖然一個人的性格能影響他的情緒，但我們應該充分瞭解自己性格上的弱點，以積極的態度掌握情緒。

抒壓小撇步

開懷大笑

笑聲，能讓我們卸掉多餘的壓力，還能保護你的血管內壁，進而減輕心臟病發作的機率。當人哈哈大笑時，身體需要調動超過四百條的肌肉，因此，還能有效消耗熱量。更有研究人員估算，大笑一百次相當於划船十分鐘和踩腳踏車十五分鐘的運動量，心動了嗎？

低落的情緒，污染你的身心

心靈的痛苦，更甚於肉體的痛楚。

——羅馬詩人　賀拉斯（Quintus Horatius Flaccus）

　　提到垃圾，我們通常會聯想到髒、亂、臭，並避之而唯恐不及。為了保持乾淨、整潔的環境，我們經常會打掃環境、清除垃圾，極力使生活環境保持舒適，但是卻任由心靈裡的垃圾隨意堆積、恣意增長，這難道不是一件極其弔詭的事嗎？其實，這一種我們看不見、摸不到的垃圾，是最容易打垮我們的心靈癌症。

　　文學家林語堂曾將人生比喻為一場「短暫而充滿詩意的旅程」。我們說人生固然是短暫的，但詩意卻不是每個人都能體會到的。人生不如意之事本就十有八九，更何況在現今這個競爭日益激烈的時代，每個人總擔心自己被社會淘汰，對自己總不夠滿意、不願流露出真實的那一面，將這樣的情緒藏在心底。久而久之，滿滿的壞情緒無處抒發，身心開始疲憊不堪，漸漸出現一些胸悶、全身無力、無精打采的狀態，這就是一種「疾病」。

　　又像是「不滿」、「嫉妒」、「焦慮」、「失望」、「惆悵」、「害怕」、「憂鬱」、「難過」等，這些負面情緒如果越積越多，越存越「厚」，就會逐漸滲透、污染我們的身心，影響正常的人際關

係。

　　想要更健康、更快樂，我們就要跟打掃家裡環境一樣，定時清除不必要的情緒垃圾，讓自己儘快從消極狀態中逃脫出來。

　　所謂的「清除」，就是需要我們透過正確的方式來排解不良的情緒，那些壞心情會不斷對我們的生活造成負面影響。例如，造成人際關係的緊張、生活秩序的混亂，甚至觸犯道德底線等，不可不慎。

- -

　　文蕙是一家儀器公司的客服人員，因為前幾天和丈夫吵架，兩個人一直處於冷戰的狀態，又加上這份工作剛到職不久，跟公司的同事很生疏，工作的業務也還不熟練，所以情緒一直沒有很穩定。

　　有一次，一名客戶怒氣衝衝地來到客服部，看到文蕙劈頭就罵道：「我們家的問題說了很多次，為什麼一直不能解決？！你們的服務態度那麼差，現在就請你們經理出來，我要直接跟他投訴！」

　　文蕙見狀，趕緊規勸：「您別生氣，若有什麼問題，我們現在幫您解決。」

　　客戶聽了，沒好氣地說：「現在解決？這句話我已經聽很多次了，你們是客服人員，接到有問題的電話本來就該馬上彙報，趕緊安排維修人員，像你們這樣的效率，不如關門算了！」

　　原本心情已經很差的文蕙，聽了客戶的話之後，受到刺激，想著自己才剛來這裡上班，有很多事情是離職的同事沒有處理好的，又為什麼是自己被臭罵一頓呢？看著客戶頂上冒煙的樣子，文蕙覺得很委屈，當場就痛哭了起來。

- -

　　上文中的結果可想而知，文蕙一時的情緒失控，雖讓她排解了內心堆積許久的負面情緒，但卻也增加了新的問題，不僅讓客戶覺得不

The Lesson for emotional management that
I wish I Had Been Taught.

專業，還被老闆約談，最後被調至外縣市的部門，這一時的失控讓文蕙後悔莫及。

那麼在現實生活中，我們要如何清除情緒垃圾才好呢？

找回好情緒tips

☺出門與人來往

情緒的持續低迷，有時是因為人際關係的封閉造成的，在孤獨的生活狀態之下，其實更容易加快負面情緒的蔓延。而豐富多姿的社交活動能消除孤獨，同時有助於情感的表達與宣洩。例如與同事、朋友結伴聚餐、旅行，或是積極參加社團活動、各種業餘比賽等，總之，與人來往越多，越有助於你內心情感的發洩。

也許在情緒低迷、壓力很大的時候，更會想賴在家裡，但在這種時候，我們反而要大方地走出家門，與人接觸，藉此來轉移自己的注意力。

☺哭泣也需要抽身

難過時哭，開心時哭，哭泣向來都被人們認為是一種宣洩情緒相當有效的方法。不僅如此，痛哭還可以是一種心理上的補救措施，是情緒得到宣洩的極大表現，但縱情地哭有時候對排解情緒不一定有幫助。

研究發現，對於心態較健康的人，哭泣能幫助他們快速走出負面情緒，但對於那些過度抑鬱、焦慮，甚至是狂躁的人，哭泣帶來的調適作用反而不大，甚至還會越哭越難過，越哭越難以自拔。

哭泣能讓人們排解消極的情緒，一部分原因是人們在抽泣的過程中，使自身的呼吸節奏得到調整，讓心情得以平靜。但哭泣的時間不能沒有限制，哭完之後還必須儘快調整心情，這樣才能徹底走出負面的情緒狀態。

☺大吼大叫與高歌一曲

　　大吼能有效幫助人們排解內心淤積的情緒。當你心裡鬱悶的時候，不妨到空曠的地方大喊幾聲，你會發現那些壞心情竟隨之釋放不少。

　　此外，唱歌是比大吼更好的一種發洩方式。對我們來說，如果能盡情地唱歌，這會比單純「怒吼」更有助於排解負面情緒，因為歌曲本身就蘊含著各種感情因素，如果我們能夠有針對性地選擇歌曲，那就能透過演唱有效地排解內心的不安與委屈，同時也有助於低落情緒的調整。

☺運動，讓你沉澱下來

　　運動不僅可以強身健體，使人增加對外界的適應力與抵抗力，在運動的同時，人們的心理也會得到調適，思慮也能得到沉澱和整理。加上汗水的排出和呼吸的調節，沮喪的情緒就能逐漸冷靜下來，使你轉而鎮定。

　　而有氧運動更有助於穩定我們的情緒，例如游泳、慢跑、跳繩、快步走等等，需要注意的是，運動並不是越激烈越好，「適度」才是最好。

☺找人傾聽你的痛苦

　　英國作家培根（Francis Bacon）曾說：「最能使人身心健康的良藥，就是朋友的規諫和忠言。」其實，我們傾訴的目的並不僅在於得到建議，更在於得到對方的傾聽。

所以在你心情不好的時候，就應該「主動」找值得信賴的朋友或家人，推心置腹地聊一聊，一吐為快，傾訴出你內心的痛苦，以獲得感情上的慰藉。當你在情緒上得到緩解之後，再接納對方的有效建議，就能幫助自己調適心態。

😊幫助他人更快樂

　　人家都說「人逢喜事精神爽」，所以，想持續擁有好心情，你可以主動去做些好事，或做些有意義的事，讓自己感受到「付出」所帶給你的被需要感和愉悅心情。

😊借用道具發洩情緒

　　這裡所謂的「道具」，就是指能夠提供我們發洩負面情緒的物品。

　　例如，年輕人下班後透過玩電腦遊戲來排解壓力和無聊，這個「遊戲」，就是一種發洩道具。此外，市面上還曾出現過一種「橡膠軟球」，摸起來像蒟蒻有著軟Q的觸感，但一旦將它摔打到牆上、地上，就會變成章魚般擴散的形狀，而這種玩具的訴求是，透過不斷摔打來發洩壓力。

　　而一些超市也會出現某些「詭異景象」，有不少人藉由捏麵包、泡麵等破壞食品的方式來發洩情緒，像這種有違道德的做法並不值得鼓勵，即便是使用道具，在選擇物品和發洩的形式上也要有所分寸才是。

人生，是一場
情緒的長期抗戰

我也說不出人生在世，是不是一件容易事兒。

——英國小說家 約翰・高爾斯華綏（John Galsworthy）

　　無論是耄耋之年的老人、為事業家庭忙碌的中年人、還是剛走出校園的大學生，都能深有體會。我們的一生都在為升學就業、夢想或是欲望而奔波忙碌著，但這場比賽的對象是誰？是工作上、課業上的競爭對手？還是遲遲不來的機會和命運？我們說這都不是，因為人們最大的敵手就是自己。大多數人不是在好心情裡沉醉，就是在壞情緒中沉淪。你能愉快地迎難而上，還是悲傷抑鬱、一蹶不振，這都是你和情緒對抗之後的成敗結果。

　　一位小學老師在偏遠的鄉區教書，這天，他走進自己的班上，問起班上的小朋友：「大家有沒有討厭的人啊？」

　　小朋友們想了想，有的沒出聲，有的拼命點頭。

　　老師接著發給每個人一個袋子，然後說：「我們來玩一個遊戲吧！大家想想看，過去這個禮拜，有沒有哪些人讓你覺得不高興，或是開始討厭他了呢？想到的話，放學之後就到河邊撿一顆石頭，把他的名字寫在紙上，然後貼在石頭上。如果他的錯是小錯，就找小石

頭，如果他真的很過分，那你就找大石頭。記得注意安全，從明天開始，要把石頭用袋子裝到學校來給老師看喔！」

小朋友們都覺得好玩，放學之後，每個人都搶著去撿石頭。

第二天早上，大家都把裝著石頭的袋子帶到學校來，彼此興高采烈地討論著。

一天過去了，兩天過去了，三天又過去了……有些孩子的袋子越裝越多，成了很大的負擔。

終於，有人提出抗議：「老師！好累喔！」老師笑了笑沒說話，立刻又有人接著說：「對啊！每天背這些石頭走來學校，好累喔！」

這時，老師笑著說：「那麼，你們就放下這些代表別人錯誤的石頭吧！」

孩子們聽了很困惑，於是老師又說：「大家想一想，如果我們可以原諒別人的錯，不要把它當石頭一樣記在心裡，帶在身上，那是不是就會輕鬆多了呢？」

於是，孩子們一致決定放學後，一定要將石頭拿回去「放下」。

⋯⋯

袋子裡裝入越多、越大的石頭，心裡便留存著越多、越深的仇恨。人生中大大小小的事情，無非乎「放下」一詞，若能懂得「放下」，人生何等自在。

而在一項有關情緒的研究報告中也顯示，如果一個人經常重複出現某種情緒，哪怕每次只有幾秒鐘，時間久了也會形成一種常態，而這種常態的心情累積久了就會轉變成性情，性情則會直接影響命運。

「情緒」的確能影響我們的一生，與其說我們在跟他人競爭，不如說是不斷地在跟自己競爭，一個人是否能控制自己的想法與情緒，便成為他人生成敗的關鍵。更嚴厲地說，如果我們能先打敗人生中的

負面情緒，那麼就等於已經贏得了好命運。

那麼，我們又該如何戰勝自己呢？

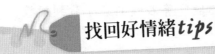
找回好情緒 *tips*

😊 學會瞬間拋棄壞情緒

情緒，是人類各種的感覺、思想和行為的一種綜合的心理和生理狀態，是對外界刺激所產生的心理反應及附帶的生理反應，例如喜、怒、哀、樂等。如前述，情緒也是個人的主觀體驗和感受，常跟心情、氣質、性格有關。

若想要改變它，你可以從思考出發，也可以從行為出發，但我們說從行為出發來改變狀態，會比改變思考更容易、更有效，因為情緒很多時候都是暫時性的。

以下介紹幾種應對突發壞情緒的方法：

▲感到焦躁或恐慌不安時：做三次深呼吸，這樣能減緩心跳的頻率，使你逐漸冷靜下來。

▲某事或某人讓你非常憤怒：可以的話，盡快喝兩口水，迅速為自己「降火」，冷靜一下。

▲考試、面試等場合讓你緊張：找機會喝幾口溫開水，你的胃得到熱能，能幫助你緩解緊張情緒，但可要注意別喝太多了。

▲某些時候你感到焦慮：你可以站起來走走，或是做一些簡單的體操，以增加活動量，放鬆肌肉，這能幫助你快速放鬆焦慮情緒。

▲因為工作、感情等問題而憂慮：這種時候千萬不要宅在家裡，趁著陽光灑落時出去走走，你很快就會因為接受到陽光氣息而變得樂觀起來。

接受情緒的發洩是正常的觀念

人們之所以痛苦，除了是現實給他們帶來的傷害難以承受之外。他們也認為一旦陷入這種情緒，就像是撞到了堅不可摧的冰山，於是就陷在負面情緒之中，不自覺地變得更加疲憊。但其實面對現實並沒有那麼可怕，只要我們能接受它，就能面對它，處理它，這並非人們想像得那麼糟糕。

產生、發洩負面情緒，不代表我們就被它打敗了，恰好相反，這反而是一種幫助我們擺脫壞情緒的成長時機。當你與別人發生爭執，或是在工作上、感情上失敗時，不要刻意去抗拒壞情緒的產生，否則你會白白浪費許多精力。

此時你該做的是，接受現實的發生，處理它，之後將它放在一邊，去做一些轉移注意力的事，如此就能逐漸消除你的痛苦情緒。

自問這樣的情緒表現是否值得

當你與別人吵架，你可能為此憤怒不已，甚至到了怒火中燒，但這時先不要急著發飆，試著先問問自己，讓你生氣的「點」在哪裡？你為此發火是否值得？現在發飆能解決問題還是只是白費工夫？發飆之後會不會激起更大的衝突？哪種方式最適合解決這個問題，並化解衝突？

有時發怒可以發揮震懾人心的效果，但那必須是在你有一定把握，且能完全控制住局面的情況下進行。例如明明做事不夠盡責的員工，卻三番兩次地在老闆面前報告自己多麼認真、負責，如此欺上瞞下，一旦老闆知道真相之後，發火一定會比軟性的勸說更有效。

當然，如果你被別人的言語所中傷，或是受到不公平的對待時，你發怒，甚至跟對方大打出手，這些都是不明智的反

應。新聞上也經常報導一些年輕人因為受到同儕的排擠或侮辱，憤怒之下竟然就失手將對方打死，為解一時之怒而釀成大錯，這就在於他沒有正確地處理情緒。讓我們得到真正的身心放鬆與釋放出負能量，是我們調適情緒唯一目的。

☺學會轉換壞情緒為動力

將壓力轉換成動力，即是一種情緒轉換。懂得做好情緒轉換的人，總能將不斷出現的負面情緒轉化為對自己有幫助的正面力量。例如，將憤怒轉化為鬥志，將厭惡轉化為競爭，或者將恐懼、擔心轉化為助力，而這個轉換也就是我們與情緒作戰的美好結果。轉換成功，我們就能打敗壞情緒；反之，則會被負面情緒所控制。

在轉換的這個環節上，學會正向思考很重要，多想想事情帶給你的益處，以及如何去改變不滿意的現狀，當你最後面對那些曾經讓你失望、憤怒或是不安的事情時，若你已能平和地接受，甚至表現出積極的態度，把它當成自嘲的笑點，那麼你就已經成長了。

抒壓小撇步

DIY

你可以藉由做一些「勞作」來得到成就感。例如，做菜、做甜點、織圍巾等都是非常有效的方法。除了可以降低導致憂鬱症的荷爾蒙分泌，更能增加神經傳導物質多巴胺，享受抒壓的時刻，就從DIY開始。

Ten Lessons for emotional management that I wish I Had Been Taught

Lesson 2

control

掌控情緒

——你才是操控者。

誰都會有情緒，且情緒有傳染性，若你能掌握自己的
情緒，就是人生一帆風順的關鍵。若你不想成為情緒
的奴隸，就要徹底加強情緒防護罩，並學會從生活中
尋找好心情，將其升級為高EQ，如此便能離快樂人生
更近。此外，學會讓情緒「假戲真作」，就更能主宰
你的心情、你的人生。

2-1 別小看 情緒的「傳染性」

最猛烈的痛苦，持續的時間也最短。

——美國詩人　布萊恩特（Wlliam Cullen Bryant）

如前述，有些細菌和病毒具有傳染性，如果人們沒有抵抗力，就可能被疾病傳染，這種常識很多人都知道，而情緒也是如此。

也許你在生活上就實際有過這樣的經驗，但它卻被你忽略了。

當你在與朋友或親人吵架之後，是否也變得憤怒、煩躁不安？

當你被上司、客戶批評之後，是否會變得情緒低落、鬱鬱寡歡？

在大考之前，你是否很容易出現焦慮難耐、如坐針氈的反應？

如果沒有或很少，那麼恭喜你，你的「抗體」很強。相反地，如果你經常發生類似的情況，常常受到身邊人的影響，使自己陷入情緒的沼澤無法自拔，那麼你就要注意了，這表示你的「免疫力」薄弱，如果不儘快加強它，你的生活可能會一直被旁人的壞情緒所打亂。

有一次，著名專欄作家西尼·哈里斯（Sydney Harris）和朋友到報攤買報紙，拿到報紙之後，朋友禮貌地對報販說了聲：「謝謝。」但報販卻一臉嚴肅，一語不發，好像很不開心的樣子，讓這個朋友也很不開心，在路上對哈里斯抱怨：「那傢伙態度很差，對不對？」哈

里斯笑著回答：「他每天都是這樣的。」

朋友疑惑地問：「那你為什麼還對他態度那麼好？」哈里斯回答：「難道我要被他的情緒傳染，讓他影響我今天的心情嗎？」

而心理學家經過長期研究後發現，如果一個情緒穩定的A學生和一個情緒低落的B學生同處一室，那麼A學生的情緒就會慢慢低落起來；同樣地，如果家庭中妻子或丈夫的情緒低落，那他的配偶也會更容易出現類似的情況。

最後得出一個結論：一個開朗、心情舒暢的人，如果天天和一個抑鬱、愁眉苦臉的人在一起，那麼只要二十分鐘就會受到「情緒傳染」，很快就會沮喪起來，且如果同情心和情緒的敏感度越強，就越容易受到對方的情緒感染。

那如何才能提高情緒的「免疫力」呢？

國外的諺語說道：「心態是一個人真正的主人，你要嘛駕馭生命，要嘛被生命駕馭，是心態決定了誰是騎士，誰是坐騎。」對我們來說，自己才是自己心情的操控者，只要我們的力量夠強大，就不會被外界的紛擾輕易干擾。

的確如此，難道別人心情是好是壞，我們都要跟著生氣或是嫉妒嗎？當然不，這樣不累呀？

想要更快樂，我們就必須要先為自己建立起所謂的「免疫力」修築堤壩。那該如何增強情緒「抗體」，以防止被別人的壞心情「傳染」呢？

找回好情緒*tips*

☺ 對人事物重新評估

　　人在心情愉悅時，體內會分泌更多的腦內啡肽（endorphin，也稱為安多芬或內啡肽，是氨基化合物，它能與嗎啡受體結合，產生跟嗎啡、鴉片劑一樣的止痛和愉悅感，等同天然的鎮痛劑），使人更加快樂。

　　心情要愉悅，需要你對各種人事物的狀態重新評估、重新思考，同時以陽光、溫暖的正面態度，站在對方的立場思考。

　　當你身邊有人釋放壞情緒的時候，最有效的做法並不是遠離那些人，而是應該用正向的心態引領自己不受他們的情緒影響。更甚者，行有餘力，你還可以從壞情緒的深淵裡拉他們一把，讓自己不受壞情緒傳染，你可以作以下思考：

　　▲想想比自己處境更差的人，你比他們的狀況好多了。

　　▲想想自己曾經努力得到的成就，這是你值得驕傲的。

　　▲想想自己也曾碰過跟這差不多糟的情況，那時候都能撐過來了，更何況現在呢？

☺ 當壞情緒來襲，轉移注意力

　　你也許有過這樣的經驗，有時別人和你說話，你可能會因為正在思考某件事情，而對彼此的談話內容沒什麼印象，不記得別人說了什麼，這就是因為你轉移了注意力。

　　有研究表示，我們的思維速度比說話速度快了三到九倍，在外界沒有影響的情況下，我們的思維不會等待。但是當人們開始傾聽旁人的談話，或是注意到對方的行為時，思考就會處於停滯狀態。在這種情況下，我們的心理不受理智控制，個人的情緒就很容易受到帶有情緒性的話語或是行動上的影響而產

生變化。

　　因此，當你身邊的人心情不好時，進而開始抱怨、唉聲嘆氣的時候，你一定要告訴自己——趕快轉移注意力。並且以客觀的態度來待看彼此的談話，讓自己不陷入對方的情緒裡。

　　那麼，要如何才能恰當地轉移注意力，卻又不傷及人際關係呢？

　　▲左耳進，右耳出：這常常用來形容長輩責罵晚輩不聽取教訓，將訓言當成耳邊風不改進。在平常這是一句負面的話，但是在這裡，我們要想辦法提高這種「左進右出」的能力，不被帶有情緒的話語所影響。

　　在對方說話時，你可以表現出傾聽的樣子，但是心裡要記得提醒自己：「他說的這些我都知道，該想想等下要怎麼安慰他。」然後保持平常心，不過分投入對方的談話內容。

　　▲以自己的主觀做判斷：在與情緒不佳的人相處時，不論對方說什麼，都不要被他的話語所左右，傾聽後，內心要有自己的判斷標準，你可以這樣想：「他說的是當事人的心情，但我的看法並不一定要跟他一樣」。

　　▲試著一心二用：在對方說話時，不經意地一邊聽，一邊翻翻報紙，或看看窗外，再附和幾句話。如此的「一心二用」就能分散你的注意力，讓聽的內容不完全連貫，但也要注意留心對方的感受。

三十六計，走為上策

　　當你面對對方時，經過「一番努力」還難以讓自己逃出他的負面情緒時，代表你的情緒免疫力較弱，而想要提高這種免疫力，需要一段時間的「練習」與「習慣」。

　　如果你面對到難以控制的情況，此時最好的方法就是讓自

2-1／別小看
情緒的「傳染性」 **51**

己暫時遠離這種場合，離開影響你情緒的人。例如，你可以去洗手間，或是去櫃檯加點一杯紅茶，這種舉動也能讓對方暫時從這狀態中脫離，冷靜一下，能迅速阻斷壞情緒繼續擴張，使你不再持續陷入對方的壞心情裡。

☺新元素產生新鮮感

有相關研究發現，「新鮮感」能讓我們的心情變好。

在生活，也許我們在與某些人相處時，情緒會經常因為對方而受到影響，但還是必須跟他們一起生活或是共事。

那你就可以選擇為自己一成不變的生活增加新鮮感。例如，購買一些有趣的辦公室小物和家居用品，重新布置你的桌子；換換髮型，買買喜歡的衣服，不論這些東西是否具有實用性，只要能為自己帶來新鮮的感受，那就試著去做吧。這樣能削弱你的壞心情並轉移注意力，讓你更快樂。

抒壓小撇步

不受壞情緒傳染

你可以：（一）按摩：壓力容易造成肌肉僵硬或酸痛，因此適度的按摩，可以讓疲憊的身心得到抒解，更可舒緩肌肉酸痛。（二）睡眠充足：注重睡眠充足與環境，保持良好睡眠品質。（三）飲食均衡：避免刺激性食物，例如：咖啡、炸物。而舒適的用餐環境與細嚼慢嚥，更能達到效果。（四）聽音樂：可幫助身心放鬆，選一些靜態的音樂就能達到抒壓效果。

52

The Lesson for emotional management that
I wish I Had Been Taught.

學會操作 情緒「方向盤」

我可以拿走人的任何東西，但有一樣東西不行，那就是在特定環境下選擇自己生活態度的自由。

——德國小說家 法蘭克·薛慶（Frank Schatzing）

在上下班的尖峰時間，主要道路的十字路口經常擁擠不堪，不耐煩的司機焦急地按著撕心裂肺的喇叭聲，整個路面都成了車子的大停車場。但當交通警察出現之後，場面很快就得到了控制，他熟練地打著手勢，吹著口哨，將車子分流到正確的位置，該停的停，該走的走，該轉彎的轉彎，很快就紓解原先癱瘓的交通狀態，車子走對方向，道路也暢通起來。

在這個過程中，我們看交通警察，就像是他手上拿了一支遙控器，輕輕鬆鬆就遙控了行經路口的所有車輛。

而我們對於情緒的處理，不也可以這樣做嗎？有時，我們也會因為某些原因讓五味雜陳的感覺湧上心頭，那我們又為什麼不替自己的情緒找一個方向呢？

不論發生什麼事，我們都應該學會做自己情緒的主人，自己決定自己的心情，不被外界事物或其他人左右，才能成為人生的贏家。

有一位名叫羅素的傳教士，有一次去傳道，在經過一片空曠的原野時，不幸碰到一群強盜搶劫，他身上的錢全被搶走外，還被毒打了一頓，身無分文又滿身傷的他，忍著疼痛走到下一個小鎮。

鎮上的人們聽到這件事，都對傳教士的遭遇深感同情，但羅素不僅沒有表現出任何沮喪的樣子，反而高興地對鎮上的人說：「我想我真的很幸運，上帝保護了我，我要感謝上帝，讚美祂的寬容。」對此，人們都覺得匪夷所思，他都差點被打死了，為何還要讚美上帝？

羅素聽了便笑著說道：「我當然要感謝上帝了……因為他們只搶走我的錢，沒能搶走我的生命。更重要的是，是他們成為了強盜，不是我。」

∙∙∙

情緒就像握在手裡的方向盤，想左轉還是右轉，都由我們自行掌握。

在現實生活中，有許多人深陷痛苦無法自拔，或因為遭遇挫折就沮喪難行，總為外界的事物所左右。但其實只要你願意轉個念頭，就會發現「開心是一天，不開心也是一天」，情緒的方向盤就握在你手中，除了你，沒有人擁有控制它的權利，沒有人能阻礙你。

找回好情緒 *tips*

😊 記得，遠離衝動再決定

很多時候，我們處理錯情緒的原因是「在還沒來得及冷靜思考的時候，就匆忙地做了決定」，像是在遭遇挫折時，馬上沮喪難過；而遇到好事時，又大喜過望。

當下會有情緒起伏反應都是正常的，但如果毫無理性地思考事情發生的原委或來龍去脈，只是憑藉著當下的情緒做決定，那就很容易讓自己走入無法挽回的境地，必須避免。

😊 戴上正向眼鏡思考

看到瓶子裡裝了一半的水，你會覺得「只剩」一半，或是「還有」一半呢？

我們說正向思考是最有效的「方向盤」。當你開始以一種正向、積極、樂觀的態度來看待眼前的「挫折」、「痛苦」、「悲傷」時，能思考事件之於自己的積極意義，那情緒就不會馬上被現實所吞噬，反而能被正面思考所牽引，變得更平和、更快樂。

如此的話，無論是面對姍姍來遲的公車，還是不講道理的同事，甚至是人生中的各種不幸，我們都能牢牢掌握住情緒的方向盤，讓自己駛在快樂的道路上。

😊 培養廣大的胸襟

我們說，擁有廣大的胸襟，是得以掌控情緒的關鍵。這就好比你在開車時，副駕駛座的人一直批評你不會開車或開錯方向，不斷地在旁邊碎念，把你罵得一無是處。在這種時候，如果你沒有一點容大度的氣量，就算方向盤在你手裡，也可能因

此真的開錯方向，走錯路。

　　所以，僅僅是思考和掌握住方向盤是不夠的，重要的是你要擁有平靜如水的心，那麼即便狂風驟雨，你也絲毫不起波瀾，能一如既往地做自己的事，這便是一種掌控全局的智慧，你才能將自己的快樂牢牢抓在手中，任何人也無法奪走。

　　總之，壞情緒不能一味地忍耐，更不能沒有節制地發洩，透過調整快樂心態、增加抗壓力等方法，不斷加強自己的情緒防護罩，你才能時常保持好心情，也更容易得到快樂。

抒壓小撇步

學會等待

　　學會「等待」，是能讓人受用一生的能力，天生性急的人也應該練習等待的能力。例如，在大賣場排隊結帳的時候，調整「容易著急」的心情；或是搭公車時讓別人優先上車，這都是練習等待的機會。能耐心等待的人才能心平氣和、頭腦清楚地處理問題，只有保持冷靜，才能有效地和他人溝通，表達自己的意見或需要。

想快樂，先加強情緒防護罩

悲哀和煩惱不是使人心軟，就是使人心狠。

——英國作家　麥金托什（James Mackintosh）

如果一個人的情緒總是時好時壞，順風而倒，甚至像一匹脫韁野馬，誰都駕馭不住，那必然會把自己折騰得疲憊不堪。

老張年過六十，年輕時打拼了幾十年，終於有了幾百萬的退休積蓄，他正好也有一些股票期貨交易的知識和經驗，所以想把手中大部分的錢都投進去「大賺一筆」，然後在家鄉買房子安穩地養老。

老張知道做這個決定必然有風險，所以非常謹慎，他告訴自己千萬不能馬虎，而且一定要多聽別人的建議來判斷。每每看漲停板時，老張總會不由自主地緊張起來，若看到自己買的股票下跌了，眉頭就皺得可夾死蒼蠅；股價開始往上爬，臉上的笑容就藏也藏不住。

他總是一賺到錢就喜不自勝，一見賠錢，便寢食難安，唉聲嘆氣一整天。結果，不到三個月就因為高血壓病倒了。

壞心情會生「氣」，在中醫裡，氣穩則平，氣動則亂，會氣功的人可以憑藉著「氣」而刀槍不入，可見「氣」對我們的影響。如果你

無法控制自己的情緒，喜怒無常，那麼無異於在跟一位「相撲選手」較量，怎能不累？而人際關係大師卡內基（Dale Carnegie）也說：「學會控制情緒，是我們成功和快樂的要訣。」

北宋時期的名臣范仲淹也曾在《岳陽樓記》中提到「不以物喜，不以己悲」的做人觀念，這著實值得我們學習。唯有在任何情況下都能保持著一顆淡泊寧靜的心，才能擁有平和的情緒。

要能做到處變不驚，我們除了調整心態，還要加強自己的「情緒防護罩」，不讓自己的情緒輕易受到外界環境的影響。那在現實生活中，該怎麼做才能讓自己的情緒金鐘罩更堅不可催呢？我們可以從以下幾個方面來看：

 找回好情緒*tips*

😊 以快樂心看待一切

「生活就是一面鏡子，你對著它笑，它就對著你微笑，你對著它哭，它也對著你哭。」人生是什麼樣子，完全在於你怎麼看它，生活不可能永遠一帆風順，遇到不如意的事在所難免，更何況天災人禍與生老病死沒有誰能掌控，我們唯獨可以掌控的就是自己的心情。

你快樂還是不快樂，外界的事情不能左右，如果你用快樂的心情去看待一切，那你就是快樂的，就算遇到天大的事情，你也能泰然處之，忙而不亂；反之，倘若你看到的都是事情消極的一面，那即便只是遇到一點小挫折，你也會悶悶不樂，抱怨不已。

若你能用快樂的心掌舵自己的情緒，你永遠都不會被負面

The Lesson for emotional management that
I wish I Had Been Taught.

情緒所左右，更不會被打倒，想擁有好心情，先保持你的快樂好心態，強化心理防護罩，平和、樂觀地接納一切。

增強你的抗壓力

抗壓力，顧名思義，就是指一個人心理承受壓力的能力。

有些人一遇到問題就不知所措、唉聲嘆氣，覺得壓力太大而難以承受。但其實這就是抗壓力太低所造成的，這樣的人很容易情緒化，哪怕是芝麻大的事，他也會搞得滿城風雨，大動干戈，甚至過度歇斯底里，這樣的人不可能找到快樂，而且過於嚴重的情緒化表現，也容易招致人際關係的困難。

回頭看看自己、想想自己，如果時常為了一些小事而煩躁不安，擔心受怕，就要思考一下是不是自己的抗壓力不夠。

那又該如何增強抗壓力呢？這需要我們掌握以下原則：

▲相信世上沒有一直存在的挫折：任何挫折與苦難都會過去，不要總盯著問題不放，甚至唉聲嘆氣整天，當你想辦法去解決它時，挫折也就消失了。

▲找到你的情緒模範生：你身邊一定有些面對任何事情都能泰然處之的朋友，你可以時常與他們來往，或是請教他們都是如何處理這些問題的。沒有也沒關係，你可以多瞭解一些成功者背後的故事，將他們當作學習範本，相信你能更勇敢。

▲肯定自己的能力：不要擔心自己解決不了問題，不要懷疑自己的能力，任何人的潛力都是無限的，世上沒有人承受不了的磨難，只要相信自己，並做出努力，盡人事，剩下的就聽天命吧。

增強怒火的忍耐力：制定停火標準

也許一些事情讓你非常氣憤，甚至想要破口大罵，像這種時候就千萬不要貿然行事，否則你的情緒將如洪水一樣一發不可收拾。

此時你能做的，只有一個字：「忍」。在這個過程中給自己一些提示與警告，想想自己發飆可能導致的嚴重後果，或乾脆找一個安靜的地方坐下來，閉上眼睛從一數到十，甚至是從一數到一百，讓怒火逐漸平息下來。

你一定要制定一個「停火標準」給自己，強迫自己安靜下來，畢竟感情用事並不能解決問題，理性地思考事情的前因後果，放鬆心情，你會發現事情並沒有你想的那麼糟糕。

找到正確途徑發洩情緒

一味地忍耐壞情緒，對我們沒有好處，對於那些我們無法根除的垃圾情緒，你一定要能找到它發生的原因，可以的話，從根本上去消除它。例如：夫妻吵架，如果雙方只是一味地忍耐，情緒無處宣洩，那問題只會越來越大，且如果「新仇舊恨」又在同一天爆發，那走到離婚這一步也就不遠了。假如雙方能坐下來好好談談，透過不斷溝通與理解，逐步化解彼此間的心結，那麼因對方而起的壞情緒也能隨之減少。

讓你的心情
「假戲真做」

如果那玩意兒看起來像鴨子，游起來像鴨子，叫起來也像鴨子，那麼牠應該就是隻鴨子。

——美國詩人　詹姆斯・賴利（James Whitcomb Riley）

在人們的印象當中，一個人的行為往往是由他的情緒所主導，例如，悲傷時會流淚，快樂時會笑，恐懼時會顫抖。但根據心理學家的研究，他們發現情緒並不完全是如此。他們也得出了一種截然不同的邏輯，那就是人們的行為可以引發情緒進一步的變化。例如，人們在笑的時候，會覺得更快樂；在哭的時候，會覺得更難過；在顫抖時，又更能感受到恐懼。也就是說，我們會因為情緒的變化而「引發行為」，也可以經由改變行為而「改變情緒」。

卡內基曾說：「如果你『假裝』對工作有興趣，那這種態度往往會讓你假戲真做，而且這種『假裝』的態度還能減少你的緊張、疲勞和憂慮。」這就是「由假轉真」的轉變，且這種假戲真做也的確在現實中得到了印證，使人們透過它而改變自己的情緒。

心理學家羅伯特（Robert Soussignan）曾發表一篇論文，主題就叫假戲真做的人體機制。他謊稱要進行與殘障人士書寫有關的研究，請

受試者用幾種不同的方式來咬住筆桿寫字。

有些人用嘴唇含住筆，有些人則用牙齒咬，用牙齒咬的受試者臉上會同時牽動嘴唇還有數條的顏面神經，使其看起來跟微笑的表情非常像，也就等於這些人在不自覺中做出「笑」這個動作。寫完字之後，再讓這些受試者看一些影片，並讓他們評估影片好笑的程度。

而最後的結果竟然是，所有用牙齒咬的「微笑組」都明顯覺得影片有趣。也就是說，即便只是做出「笑」這個動作，我們的心情也會真的high起來。

....

這就是情緒「假戲真做」的整個過程，先假裝自己有某種情緒產生，然後表現出與之相應的行為，以此影響之後的情緒變化。

舉例來說，如果你想當一位好主管，那麼你要做的第一件事，就是先在腦海裡勾勒出好主管該有的樣子，越仔細越好，然後開始扮演這個角色。

你不用擔心自己是否是個當主管的料，因為這答案你可能自己都不知道，先努力去「演」就對了。只要用心去扮演，你會發現自己真的成了員工心中的好主管了。

所以，在你覺得不快樂的時候，不妨來「裝」一下吧？只要裝得像，很快就能「假戲真做」、快樂起來了。

那麼該如何才能實現這個過程呢？這需要從以下三個方面入手：

找回好情緒 *tips*

☺演出「自己真的很快樂」

演員在詮釋一個角色時，往往會先揣摩角色的心理和個性上的特徵，感受故事中角色一連串的情緒變化，在經過一定的準備之後，再投入演出。如果這種事前準備做得好，那演出效果往往就會不錯，原因就在於，演員們事先要求自己進入角色情緒，並感受故事氛圍，讓自己在還沒有表達之前就先進入一種情感狀態。

這種方式非常值得我們學習。如果現實讓你情緒低落，無法擺脫，那你不妨想想自己快樂時的樣子，讓自己想起快樂時的感受，或是看看以前一些開心的照片，使自己置身於快樂的「狀況」之下。

之後再循著這種快樂的感覺，去表達自己現在的快樂，並持續去做，漸漸地，你會發現原來的那些負面情緒消失了，取而代之的是一種失而復得的快樂。

☺不要被雜念困擾

洪應明在《菜根譚》中寫道：「脫俗成名，超凡入聖」，意思是說，想成為一個很會做人的人，並不是要懂得什麼高深的大道理，只要能擺脫世俗的利欲就可躋身名流；想追求很高深的學問，也不用特殊的秘訣，只要能排除外界干擾與雜念，就可超凡入聖。

我們所要借鑑的便是這樣的態度。排除一切的雜念困擾，將自己原有的情緒一併忘記，目的在於更直率地表達快樂，以達到假以亂真，假戲真做的效果。

對於情緒「假戲真做」的道理，有些人早有耳聞，並能加

以運用，但成效並不好，而這一部分原因就在於他們被自身雜念所困擾，不能完全投入一種「表演」狀態。他們總是一邊想著自己很快樂，心中卻有另一種聲音對自己說：「其實我一點都不快樂」。

若你想讓情緒真正達到「假戲真做」的效果，就要在這個過程中摒棄雜念，專注於這場「演出」，讓自己完全投入其中。

😊 從練習微笑「演出」快樂

我們一般都認為，得先看到或想到一件好笑的事情，才會哈哈大笑出來。但是心理學家告訴我們，就算沒有特別值得開心的事情，只要你先哈哈大笑，那你的大腦也會反過來產生愉悅的情緒，讓你真的感到開心。

要讓自己假裝快樂，你可以歡呼、可以跳躍、可以唱歌，或是開始一段旅行，但如果你還沒有嘗試過這種「以假亂真」的快樂練習，那你最好先從簡單的入門開始，而表達快樂最簡單的方式，無外乎就是微笑了，練習好微笑，能讓自己快樂，也能給別人帶來快樂。

在你心情不好的時候，最直接的方法就是對著鏡子，強迫自己擠出幾個笑容，也許這個過程會讓你覺得很怪、很不自在。但如果你多笑幾次，那麼你會突然開始覺得自己好笑起來，那些壞情緒也會隨之被你淡忘。

2-5 將好心情升級為高EQ，離成功更近

唯有品德，可以開成功之門，收成功之果。

——美國作家　馬爾頓（Malton）

　　美國著名心理學家丹尼爾・高曼（Daniel Goleman）曾提出這樣一個觀點：「一個人的成功來自20%的智商，即IQ；以及80%的情商，即EQ」。

　　人們在踏進這個社會之後，需要面對到的課題就是培養和提升EQ水準。但其實只要我們能控制好自己的情緒，讓自己保持在快樂與平靜的狀態，並用這種心態去迎接、處理生活中的每一件事，你就會發現，伴隨著你的EQ越來越好，你處理事務的能力也越來越有效率了。

　　在一九八○年的美國總統大選期間，卡特（James Earl Carter）和當過演員的雷根（Ronald Wilson Reagan）同時被選為候選人。在進行一次電視辯論時，卡特在發言中當眾羞辱雷根，指責他在當演員時並不檢點，這顯然是蓄意攻擊。

　　但雷根並沒有表現出慌張或憤怒，反而是微微一笑，然後平靜地說：「又來這一套。」

　　這樣一句短而詼諧的回答，不僅直接回擊了卡特的惡意進攻，還

惹得在場的觀眾們哈哈大笑，並為他的精彩回答鼓掌喝彩，反而使卡特陷入尷尬的局面。

最後，選民也給予雷根更多的支持與信賴，將多數的選票投給他，雷根成功當選第四十任美國總統。

· ·

當在公共場合上遭受到惡意攻擊時，我們必然都會氣得咬牙切齒的，非得馬上還擊對方才行，但雷根卻以和平的態度，用一句頗具分量的「回嘴」，讓自己「借力使力」，受到民眾歡迎。

他能如此處變不驚，心靜如水，所表現的就是一種高EQ。是什麼讓他如此「機伶」？這是因為他的冷靜，因為他先掌控了自己的心情。

與其說EQ高的人能控制好自己的情緒，不如說能控制情緒，從而讓冷靜處事的人能提升自己的EQ。

如果我們能做自己情緒的主人，始終使自己保持在一個好心情裡，並將這種良好的狀態帶入日常生活之中，將其升級為一種高EQ習慣，就能處理好很多看似棘手的事情，並得到更多人的好感。

那麼如何透過掌握情緒來提高EQ呢？你可以從以下幾個方面來做：

The Lesson for emotional management that
I wish I Had Been Taught.

找回好情緒 *tips*

😊 放鬆，發條別上太緊

　　人們有時候失敗並非是沒有解決問題的頭腦，而是因為緊張的情緒和疲憊的狀態所導致的結果。例如，學生考試時緊張過度，就會影響大腦的思考，導致表現失常；司機疲憊駕駛，精神不集中，就有發生車禍的危險。無論做什麼事情，如果情緒和精神狀態不佳，都會對結果造成莫大的影響。

　　好的琴師，不會將琴弦調得太緊；一個好司機，也不會把車開得跟其他車輛距離太近。同樣地，一個EQ高的人也不會讓自己因壓力而一直處在緊張和不安之中。

　　放鬆情緒的方式有很多種，下面列舉一些常見的方式：

　　▲開始運動：運動是非常有效的放鬆方式，在運動的過程中，你心中的負面情緒會隨之消弭，當在大汗淋漓之時，你會覺得異常痛快和輕鬆。

　　▲走向郊外：將一切煩惱踩在腳底，在日出、鳥鳴、花香、森林的大自然當中尋找心靈的療癒，這將能徹底放鬆你的緊繃情緒。

　　▲與信賴的人談話：「吐苦水」也是一種放鬆情緒的好方法，你可以與親人或值得信賴的好友聊聊最近發生的事，和他們分享你的心情。

　　▲看看書：看書不僅可以拓展你的知識面，更能分散你的心思，幫助你放鬆。

　　▲先笑一個：開心的笑能讓你重新得到能量，也是消除疲勞、驅趕煩惱最直接的方法。

☺高EQ：凡事坦然面對

能夠將身邊事情處理得井井有序、忙而不亂的人，往往也都有著平靜的心和坦然的處事態度。在面對突如其來的災難時也能處變不驚，甚至在被人誤解、嘲笑、誹謗時，同樣能理性應對；在受到眷顧時更能感恩接納。如此坦然面對世事，固然就不會被現實所左右情緒，被情緒左右未來。

凡事坦然處之，這就是一種高EQ的表現。只要不被現實所左右，那麼就沒人能左右你的情緒，你便能保持最好的心理狀態，去面對更多有意義的挑戰。

☺學會隨時做好情緒的轉換

同一件事情，在不同人的眼裡往往有著不同的感受。有些人往往只看得見人事物的黑暗面，而有些人卻能在痛苦之中找到知足與快樂。

面對現在不景氣的大環境，有的人信心十足，有的人抱怨現實的殘酷。就像是創業失敗了，有人悲嘆老天無眼，甚至為此尋短；有的人卻能痛定思痛，加倍努力地重振旗鼓，東山再起。

同樣的一件事情，用兩個截然不同的角度去看待，就有了不同的想法與作法，進而也就產生了完全不同的情緒，最終當然會導致完全相反的結果。心情依我們的思考角度而轉變，而情緒如何「轉換」，全在我們的一念之間。

若你能從美好、積極的面向上看待問題，就能始終擁有好心情，就能在事件背後看到機會，在其他人還在唉聲嘆氣的時候，邁向成功。

2-6 學會從平凡生活中尋找好心情

只要你有一件合理的事去做,你的生活就會顯得特別美好。

——現代物理學之父 愛因斯坦(Albert Einstein)

我們常常會聽到那些情緒低落的人抱怨做事情時「沒心情」,那什麼又是「沒心情」呢?

其實這就是人們的期望和興致被現實磨去了稜角,對生活失去了熱情,對工作失去了鬥志,情緒因而變得十分低落。當情緒在現實之前淪為沉默的奴隸,又怎麼能過得幸福快樂呢?

長期在西藏高原工作的作家畢淑敏也說:「人可以沒有愛情,沒有自由,沒有健康,沒有金錢,但我們必須擁有心情。」這種心情代表著一種對美好生活的憧憬。

好心情是生活的辛香料,是怡然自得的感受,是對生命清閒雅致的妝點。擁有好心情,我們才能找到生活的品質和對未來的希望。

一個在中國跑鄉間路線的年輕公車司機,每天都很開心地開著車跑在塵土飛揚的鄉間道路上。

車上的女售票員經常笑他:「誰跟你一樣,每天工作都像是在約會呢!」他總是笑著說:「我看妳是嫉妒了吧?」

公車上的乘客聽到了對話，都猜這小伙子一定是在這裡有個女朋友。

車子繼續顛簸地向前開著。

當車子開到一個小村子前，女售票員便興奮地指著前面的水塘說：「在呢！在呢！你還不趕快！」小伙子便按響了喇叭，三聲短，接著一聲長，像是某種「暗號」。

於是，乘客們都紛紛拉長脖子往外看——「老天！竟然是一群鵝呀！」

聽到了喇叭聲，水塘裡的白鵝剎時張開了翅膀，爭先恐後地往公車的方向跑，邊跑還邊嘎嘎嘎地叫著，就像是一群終於盼來了情人的姑娘似的。

乘客們都露出恍然大悟的微笑，車上瀰漫著一般好心情，白鵝的嘎嘎聲也像是歡送他們一程似的迴聲不斷。

....

航海家為了尋找新大陸而歷盡了艱難險阻，卻仍勇於前進，因此常會有意想不到的發現。

如果我們能像航海家一樣試著尋找生活中的新大陸，那麼一定就能找到很多值得開心的好事情，讓我們眼中的平凡生活變得新奇，充滿趣味。找快樂，便是「操之在己」，不求人。

70

The Lesson for emotional management that
I wish I Had Been Taught.

找回好情緒 *tips*

☺每天想想讓自己快樂的三件事

美國心理學家指出，若我們能在每天晚上思考三件當天發生且值得高興的事，並分析它發生的原因。這樣我們就能忘記那些不愉快，找回更多好心情。這是一個非常有效的方法。

也許在一天的工作後，讓你覺得非常疲累，甚至覺得這一天盡是些不開心的事，但是在下班之後，你應該將它們「全部忘掉」。在睡前靜下來，想想今天有哪些讓你高興的事、或值得感謝的事，無論如何，一定要挑選出三件事，即便是很小的細節也不能放過，你會發現，上天還是很眷顧你的。

☺珍視生活中的小事

憂鬱、焦慮、易怒、各種情緒問題已經成為現代人的「文明病」。在不自覺中，快樂正在遠離我們。也因為社會競爭的日益激烈，我們紛紛將注意力放在各種「結果」上，從不去認真看待生活上的「小事」。

例如，這個月業績亮眼，可以拿到高額的業績獎金；出差一個禮拜，公司能給多少補助。而對於一些生活上的瑣事，例如做菜、購物、打掃、或與朋友家人聚餐等毫無興趣，甚至覺得厭煩，不願意在這些事情上多浪費一秒鐘。

但其實，正是這些看起來「一點都不重要」的瑣事，才能讓我們找回生活品質，讓我們感受到「活著」的樂趣。我們大多都是為生活和夢想在外面打拼，但反而犧牲了自己的生活品質，這豈不是本末倒置？想想，你是在「生活」，還是「生存」呢？

將工作看成「甜蜜的負擔」

有些人，只要一開始工作就愁眉不展，而有的人在工作時卻能自得其樂，會有此差別的原因就在於，前者將工作看成了「負擔」，而後者卻將工作看成了「甜蜜的負擔」。

有一位先生去花店買花，當賣花的女孩詢問顧客要買哪些花之後，便轉身到儲藏室去了，接著傳來一陣細語。

這位先生覺得奇怪，店裡並沒有其他人，那她在和誰說話呢？等女孩出來之後，他便好奇地問她：「妳剛才在和誰說話啊？」

她聽了便笑著說：「哦，我是在和我的花說話呀。」

他訝異地說：「在和妳的花說話？」

於是，她一雙纖纖素手忙著包裝，一邊和他說：「我和我的花聊幾句，告訴這一朵玫瑰：『妳這麼漂亮，已經含苞待放了，我留不住妳了，要讓收到的人開心哦！』然後再告訴另一朵：『不要急，再過幾天妳一定會跟她一樣漂亮的……』跟他們像這樣子聊聊天。」

這位先生聽了相當訝異，結帳之後，他拿著這束美麗的花，彷彿花兒都在為他綻放似的，讓他一路上都心情燦爛。

在善於發現快樂的眼睛裡，再普通不過的工作也充滿了樂趣。工作時可以嚴肅、可以認真，但決不能閉上尋找快樂的眼睛，只要你用心尋找，工作也能給你一些小驚喜。

Ten Lessons for emotional management that I wish I Had Been Taught

Lesson 3

adjust

調整心態

——「用心」平靜情緒。

管理情緒之前，最重要的是調整心態。用正確的心態面對生活中讓你感到痛苦的人事物，例如，你「後悔」、「嫉妒」；你對某些事始終耿耿於懷，放不下；你抱怨現實、怨懟自己，這些都能從心態上調整的，以平靜的態度來面對痛苦。只有你知足，才能得到永不消失的幸福。

3-1 後悔，讓你的消極更蔓延

往前注視你能做的，不是往後看你不能改變的。

——美國暢銷小說家　湯姆・克蘭西（Tom Clancy）

　　俗話說：「世上沒有後悔藥。」事過境遷，再怎麼後悔，也只能空懺悔。不僅如此，後悔還常讓我們深陷消極情緒而無法自拔，當你越是後悔過去的種種，就越會自責起來。

　　追悔往昔，有些人一輩子都活在遺憾當中。後悔當初沒有聽從父母的教導；後悔自己沒有在課業上竭盡全力；後悔誤解曾經的好友，多年來一直都耿耿於懷……但世上沒有可以重來的靈藥，也沒有哆啦A夢的時光機可以回到過去，再多的遺憾也無法重新彌補。因此，對過往的追憶和後悔，只會是一種精力的無端浪費，對今天的我們毫無益處。

　　在高速行駛的火車上，一名老人正在欣賞新買的皮鞋，然而一個不小心，朋友孩子的一個輕撞，竟然讓一隻新鞋從窗外掉了出去，他的朋友覺得十分抱歉。

　　沒想到出人意料的是，老人竟然將另一隻鞋也扔了出去，朋友不解地問：「為什麼你還要把另一隻鞋也丟出去呢？」老人只是笑著回

76

The Lesson for emotional management that
I wish I Had Been Taught.

答：「如果外面的人能撿到這一雙鞋子，說不定還能穿呢！」

時光不會倒轉，過去的事也不可能重來一遍，我們沒有必要再去追憶、更不必為某些過往遺憾、難過一輩子，只要用積極的心態去迎接明天，就能找回今天的快樂。

老人失手將新買的皮鞋掉了一隻，固然覺得可惜，但事情已經發生了，無法挽回，與其後悔，不如將計就計，想想事情發生後該怎麼做，才能保全自己最大的快樂？

老人的心態值得我們學習，如果發生了我們不希望的事，又該如何去應對呢？

找回好情緒 *tips*

☺明白後悔是來不及的

在生活中，我們常會聽到別人抱怨：「如果當初我沒那樣做，就不會變成現在這樣了」、「要是我那時候注意一點，就不會變成現在難以收拾的局面」、「如果我認真一點唸書，也不至於做這樣的工作。」一切都已經過去了，時間不可能倒轉，人們的願望只不過是個假設。

印度詩人泰戈爾說：「如果錯過太陽時你流了淚，那麼你也將要錯過群星了。」這或許能最好地解釋這個道理。為過去的事情後悔、難過不已，你不僅白白耗費精力，而且還會錯過眼前的機會，得不償失。

如果你不想讓眼前的機會白白溜走，不想讓自己的精力耗費在過去那些不可改變的事情上。那放下過去一切的不快樂和

遺憾，就是現在的你最明智的選擇，如果你還在為過去自責，那現在就停止吧！回過頭，向前看，在現在和未來之中尋找改變的可能。

😊 從渺茫之中找希望

後悔常會使人對「假設」充滿了期盼和幻想，而對眼前的現實感到無比的絕望，也許現實的確讓人覺得希望渺茫，但是和那些美好但不切實際的「如果」相比，「現實」至少是真實的。學會正視現實，在渺茫之中尋找希望，遠遠比「如果我當初……」的消極態度更為有效。

在擔任畢馬威會計師事務所（KPMG）董事長和首席執行官時，五十三歲的尤金‧奧凱利（Eugene O, Kelly）正處於人生和事業的巔峰，他的事業蒸蒸日上，家庭幸福美滿，生活上的一切都讓他覺得人生無比美好。為此他制訂了一個又一個的實行計畫，例如：參加女兒的開學典禮、陪家人旅遊、為職場生涯再做一次突破……

但就在一切都很順利時，老天卻對他開了一個大玩笑。2005年5月，奧凱利被診斷為腦癌末期，醫生表示他的生命只剩三到六個月了。

面對這突如其來的改變，奧凱利忽然想到自己多年來日以繼夜地工作，在需要休息的時間，他常常都在工作中度過，忽視了自己的健康。但他並沒有因此而沮喪，他立即修改了原有的計畫，用尚存的時間繼續自己的人生。

他用生命的最後時光，爭分奪秒地書寫自己對人生的感悟《追逐日光》。在他的書中，他寫道：「人生不可以重來，不可以跳過，我們只能選擇以一種最有意義的方式度過：那就是——活在當下，追逐日光！」

時間一去不復返，最好的生活品質就是抓住眼前的一切。與其後悔過去，不如專注於當下，即便現實是渺茫的，但只要能從中看到希望和陽光，那生命仍然充滿意義。

忘記該忘的，改過該改的

有些人認為：後悔的目的在於改過。

對過去留有遺憾，對往事存著懺悔，希望現在和未來能彌補傷心的過去，這固然有道理。但是後悔其實只是一剎那的事，你意識到曾經存在的問題，並意識到日後要如何改進它、如何再避免重蹈覆轍，那你後悔的「目的」也就達到了，既然達成了，那就放下吧！

有抱負的人，雖然也常常後悔，但他們不在後悔當中消沉，而在後悔之中「獲得」，的確如此，只有不深陷過去的悔恨，才能看清前方的路。你可以怎麼做呢？

▲遺忘：忘記過去的不愉快，過去的快樂你應該記住，但是不愉快就要隨著時間忘記。

▲總結教訓：什麼原因導致你對過去耿耿於懷？找出癥結，總結教訓，就能提醒未來不再犯錯。

▲如何避免：光後悔是沒有用的，要想想為什麼會得到這樣的結果，你哪裡做的不夠好，今後該如何避免類似的情況再度發生？

▲馬上行動：找到方法之後，你要能馬上執行，不再回首過去，而是要開始行動，積極改造未來。

3-2 幸福別名 「知足常樂」

自願的貧困勝於不定的浮華；窮奢極欲的人要是貪得無厭，更比最貧困而知足的人不幸得多了。

——英國劇作家 莎士比亞（William Shakespeare）

知足是一種生活的智慧，智者總是將它與生活融為一體，並能散播出這樣的快樂。想要快樂生活，首先要先懂得「知足常樂」的道理，這樣快樂才能時刻圍繞在我們身邊，成為我們生活中的一部分。

法國生物學家讓·羅斯唐（Jean Rostand）曾說：「在飽極生厭的邊緣，欲望依舊是無限的。」 我們能瞭解，人的誘惑和欲望總是無度，這是沒有盡頭的。如果一個人陷入欲望的深淵，那他便永遠不會滿足，也永遠會因為不滿足而鬱鬱寡歡。

有一個窮困潦倒的青年，每到冬天，他都覺得很難熬，因為他沒有厚暖的衣服，也沒有堅固的房子。因此，他一直非常羨慕那些吃飽穿暖，擁有好房子的人，他認為那樣的生活就像天堂。

一天，他正在修補自己的破舊茅草屋時，忽然，他的面前出現了一位老者，這位老者告訴他，他可以實現青年的所有願望，只要青年站在自己的家門口，默念三次自己的願望，便可以實現了，話才說

完，老者消失了。

　　青年照老者的話做了。在他一眨眼的時間，他的茅草屋變成了一間小別墅，他走進房子裡，發現有足夠的衣服，還有許多糧食、美酒，這讓青年高興不已，他覺得自己真的走進了天堂，過著不愁吃穿的日子。

　　有一天，他經過一個村子，看到一戶人家正在舉辦婚禮，一個男人領著一個貌美如花的女人走進氣派漂亮的大房子裡，青年看了，覺得非常羨慕，鬱悶地想：「為什麼我到現在還是孤家寡人呢？」

　　於是青年在回家的路上，一直想著那漂亮的女人和大房子，回到自己的家門前，他又默念了三次自己的願望。轉眼之間，青年的小別墅變成了一棟氣派的豪宅，門口還站著一位年輕貌美的女子，青年高興不已，心想自己真的死而無憾了。

　　又過了一年，這青年走在街上，看到一個叱吒風雲的大人物從街上經過，街上的人都讓路給他。他便想著：「哎呀，原來當大人物可以這樣走路有風，我真是太沒用了！」於是，青年又回到家，在門口默念了三次自己的願望，轉眼間他便成為了一位大人物，變成該地區最高的統治者。

　　剛開始，大人物的生活讓青年覺得自己很偉大，然而過了一段時間之後，他卻開始苦惱起來，因為作為當地的統治者，他越來越忙碌，每天都要為人民的生活操勞，甚至忙到深夜，他開始覺得力不從心。後來，因為他的領導才能不善，人民的生活每況愈下，痛苦和自責每天都圍繞著他，夜裡也總是因惡夢驚醒，他突然開始懷念起從前的生活，雖然那時候並沒有足夠的食物和衣服，但總不用受這種精神煎熬。

　　於是，他又走到了家門前，默念了三次願望。一轉眼，他熟悉的

一切都回來了，青年總算鬆了一口氣。此時那位老者出現了，他對青年說道：「孩子，你要知道，無論你爬上哪座山，在你的前方，總會有更高的山。」

的確，人們的欲望是越追求越難以滿足的，也容易為現實的不滿而憂愁，若你我不懂得知足，就永遠無法得到真正的快樂。

古人說：「貧賤是苦事，能善處者自樂；富貴是樂境，不善處者是苦。」也就是說，只有學會知足，那無論是身處逆境，還是面對誘惑，你都能抓住單純的快樂，體會到生活的幸福。

找回好情緒 tips

😊 在困境中，學會知足

在《老子道德經・儉欲第四十六章》中說道：「罪莫大於可欲，禍莫大於不知足；咎莫大於欲得。故知足之足，常足。」這意思是說：罪惡沒有大過放縱欲望的了，禍患沒有大過不知滿足的了；過失沒有大過貪得無厭的了。所以知道滿足的人，永遠是快樂的。

有一位被丈夫拋棄的婦人，她帶著孩子，靠著在夜市賣蚵仔煎維持生計，生活很辛苦。但她從來都沒有表現出沮喪或痛苦，面對身邊的每一個人總是面帶笑容。她把自己那僅有十坪的小屋子收拾得乾乾淨淨，舊茶几上還擺著一瓶鮮花，雖然那不是一個真正的花瓶，只是一支舊酒瓶，但裡面卻插滿了路邊採來的野花。

別人都覺得她的日子一定不好過，但她卻覺得很幸福。當

別人表示同情時，她往往會淡然一笑地説：「不會呀，我覺得很好，我的小孩很乖、很健康，我們有東西吃，有乾淨的地方住，我們很快樂呀。」原來，在她的內心深處，對自己所擁有的一直充滿著感謝之情，她才能在他人看似困難的生活中營造出溫馨的家庭。

面對生活的磨難，有些人低下了頭，抱怨現實的不公平。但其實決定我們心情的並非是事物的本身，而是我們看待事物的「態度」。學會知足，對眼前的一切充滿感激之情，那麼無論遇到多大的磨難，我們都能從中得到快樂，感受到幸福。

☺比較，羨慕，永遠不需要

有一個國王，他每天都要審批桌上無數疊的文書，他覺得很煩躁。他時常想：「要是能像神仙一樣四處雲遊，那麼逍遙自在就好了！」

一天，他想去花園裡散散心，當他走到花園時，眼前的一切卻讓他吃了一驚，原本應該生機盎然的花園竟然蕭條一片。

於是，國王焦急地走上前問橡樹説：「你怎麼會這麼快就枯萎了呢？」

橡樹有氣無力地説：「我看到自己沒有松樹高，就一個勁兒地將自己往上拔，後來我的根就被拔出了土地……」

國王轉頭又問松樹：「你比橡樹高，為什麼也枯萎了呢？」

「我不能像葡萄一樣結出美麗的果實，所以我很難過，吃不下東西。」松樹虛弱地説。

「那麼，葡萄你為什麼也枯萎了呢？你知道松樹有多麼羨慕你呀！」國王看著奄奄一息的葡萄説。

「我不能開出美麗的花朵，如果能像玫瑰花那樣，該有多美，我真的很嫉妒她！」葡萄憤恨不平地說。

　　國王聽了之後，覺得很失望，想要離開花園。然而在他轉身時，卻發現腳下有一株茂盛的小草，國王看到了覺得很欣慰，便低頭問道：「小傢伙，你叫什麼名字？」

　　小草快樂地說：「我叫安心草！」

　　「你的夥伴都枯萎了，為什麼你還這麼茂盛呢？」

　　「那是因為我安心做一株小草啊！」

　　在現實生活中，我們時常會發現，有些人雖然擁有多數人都羨慕的生活，卻仍是愁眉不展。探及緣由，不難發現，因為他們總是羨慕他人的生活，總是在與他人的攀比中失去自己、失去快樂。

　　如果一個人面對欲望時不懂得知足，那麼情緒就永遠會被欲望所左右。一個新的欲望出現，就會產生新的憂愁和不安，形成惡性循環。

　　在各種欲望蔓延的現實社會，只有我們用平和的心態面對一切，懂得知足，才不會被欲望牽著鼻子走，才能在知足中體會到平凡的幸福。

學放下，
得寬心處且寬心

你得在向前走之前放下過去。

——電影 《阿甘正傳》（Forrest Gump）

俗話說：「世上本無事，庸人自擾之。」有些人不能過得快樂，往往不是因為事情本身有多糟糕，而是在於他們自尋煩惱，過於固執，因此走向了死胡同，結果在沒什麼大不了的事情上鑽牛角尖，弄得自己精疲力盡。

古代有位叫朱正的秀才，連續三次科舉考試都名落孫山，因而長期處於悲觀之中，始終不能走出落榜的陰影，憂鬱成疾。

而名醫萬密齋在給秀才把脈之後，正經地對他說：「脈象表明你有喜了，我給你開兩劑保胎藥吧！將來一定能生個胖小子。」這一番話讓秀才噗哧一笑，接著笑個不停。

回家之後秀才越想越好笑，始終停不下來，也就將自己落榜的事情忘得一乾二淨。心情恢復了平靜，很快地，他的病也好了。

故事雖然很短，但是藏著一個道理——那就是，人生時時刻刻都會給我們製造各種問題，如果你走不出自己的象牙塔，處處放不開、

放不下，那就是和你自己過不去，你永遠都會有煩惱。只有我們經常保持一種豁然、平靜的心態，不為生活的瑣事過度情緒化，不和自己較勁，才能得到更多的快樂。

英國作家薩克雷（Thackeray）說：「生活是一面鏡子，你對它笑，它就對你笑，你對它哭，它也對你哭。」面對生活，我們應該改正心態，不與生活計較，更不和自己計較，不逞強好勝，才能保持心態的平穩和樂觀。

 找回好情緒tips

😊改變自己比改變別人容易

世界並不會隨著我們的想法而改變，也許很多現實違背了你的期望，然而你的一意孤行並非就能對現實做出什麼改變。假如你改變不了現實，就改變自己吧，那肯定容易多了。

有幾隻狐狸一起出外找食物，牠們同時發現了葡萄架上結滿了葡萄，然而葡萄架很高，而且葡萄被農夫用袋子包起來作保護，很難吃得到。

第一隻狐狸看到之後，便想：「如果我一直把時間和體力耗費在這很難摘到的葡萄上，還不如去別的地方看看有沒有什麼可以吃的東西。」於是這隻狐狸走開了，並很快地找到了一顆西瓜。

第二隻狐狸為了得到葡萄，又蹦又跳，用盡各種辦法，不得到葡萄誓不甘休，最後體力耗盡了，累死在葡萄架旁。

第三隻狐狸發現很難抓得到葡萄，便開始抱怨農夫為什麼要將葡萄架得那麼高，還把葡萄包起來，便生了一肚子悶氣，

最後抑鬱而死。

　　第四隻狐狸因為長時間看著鮮美的葡萄而吃不到，便著急地破口大罵，不巧正好被農夫聽見，可憐的狐狸便被農夫一鋤頭打死了。

　　只有第一隻聰明的狐狸「認知到」那些既高又被農夫保護起來的葡萄很難吃到，便立刻改變了自己的做法，最終找到了別的食物。

　　在現實生活中，同樣存在著難以被我們改變的事情，或者是我們暫時還沒有能力去改變的。無論如何，先學會改變自己，無疑是一種更明智的做法。

😊道理一樣，轉換思維

　　我們的想法會鑽進象牙塔，常常是因為太過堅持。很多事情換個角度、換個思維方式去思考，就完全是另一種境界，但其實是一樣的道理。

　　有一天，下了一場豪雨，洪水逐漸淹沒了村落。一位神父在教堂裡祈禱，眼看洪水已經快淹到他跪著的膝蓋了。

　　這時，一位救生員駕著舢板來到教堂，對神父大聲喊道：「神父！快點上來！不然洪水就要把你淹沒了！」

　　神父說：「不！我要守住教堂，上帝會來救我的，我有上帝與我同在！」

　　過了不久，洪水已經淹過神父的胸口，神父只好勉強地站在祭壇之上。

　　這時候，一個警察開著快艇過來了，他對神父大喊：「神父！快上來！不然你真的會被洪水淹死啦！」

　　神父說：「不！我要守著教堂，我相信上帝一定會來救我的，你還是先去救別人吧！」

又過了一會兒，洪水已經將整個教堂淹沒了，神父只好緊緊抓住教堂頂端的十字架。

一架直升機緩緩飛了過來，丟下了繩梯之後，飛行員大喊：「神父啊！快點上來！這是最後的機會了，再不走，洪水會把你淹死的！」

但是神父仍然意志堅定地說：「不！我要守住教堂！上帝會來救我的！你先去救別人，上帝會與我同在的！」

沒想到神父才剛說完，洪水又再度滾滾而來，固執的神父被淹死了。

離開人世的神父見到了上帝，便對上帝說：「上帝啊！我這麼相信祢！為什麼祢沒有來救我呢？」上帝看著神父，緩緩地說：「孩子啊！我派了三個人去救你，你為什麼不離開呢？」

神父聽了，突然明白了上帝的道理，不禁潸然淚下。

有時，太過執著並非是一件好事，在現實生活中，學會理性分析，給自己一個新的思考、新的契機，往往就能讓你豁然開朗，心情舒暢。

☺放棄苛求，也需要學習

萬事萬物都有很大差別，我們沒有必要強求一個完整的標準、絕對的模式。世上沒有最好的東西，只有最適合你的東西，如果你懂得放棄那些不適合你的目標，便掌握了快樂的主導權，遠離了很多不必要的煩惱。

在海底的深處，有個老龍王，傳說牠是水族中的至尊，水裡所有動物都是牠的臣民。

有一天，龍王出外巡視，在海濱遇到了一隻青蛙。龍王和青蛙相互致意之後，便攀談了起來。

青蛙問：「龍大王，您居住的地方是長什麼樣子呀？」

龍王説：「我住的宮殿不是一般的宮殿，建築是用珍珠和寶石建造而成的，那裡珠光寶氣，金碧輝煌。」

龍王又問青蛙：「那你住的地方又是什麼樣子的呢？」

青蛙説：「我住的地方嘛，在一個山間的小溪旁邊，那裡有綠色的苔蘚和碧綠的青草，還有冰涼的泉水和漂亮的山石。」

龍王又問：「你為什麼不弄一個我那樣的宮殿呢？」

青蛙笑笑地説：「那我也太苛求自己了吧！我現在住的地方很漂亮，我也很喜歡。您的宮殿雖然更美麗，但卻不是我的理想。」

為了追求一些不適合自己的事物，我們常常過度自我苛求，將所謂的「執著」變成了「執迷不悟」，而正是這種不理智禁錮了我們的情緒。我們應該學會適當地放棄，這並非代表著不積極，而是一種生活的大智慧。

懂得事事寬心的人就能時時感到快樂，內心舒暢，對於現實我們要能得寬心處且寬心，不束縛自己，更不束縛心情才是。

抒壓小撇步

學會放下

有時候，很多事是我們無法去改變的，既然已經成為現實，就不要總想著如何再讓它「回來」，不可能要全世界都聽你的話，事物也不會因此而改變。而我們所能做的，就是「適應」這個世界的變化，並嘗試著去接受，去面對現實。想讓自己開心，就要讓自己「放的下」，不去鑽牛角尖，你的生活，應該要有你自己的精彩啊。

3-4 心存嫉妒，沒有快樂的權利

嫉妒的人常自尋煩惱，這是他自己的敵人。

——古希臘哲學家 德謨克利特（Democritus）

我們都知道，嫉妒會讓一個人對那些「幸運者」充滿了冷漠、貶低、排斥、甚至敵視，更可怕的是，嫉妒別人就如同服用慢性毒藥。

如果一個人每天都因為自己不如別人而痛苦不堪，為現實的不公平而大肆抱怨，甚至對別人產生仇恨心理，為此沉浸在負面情緒當中，這無異於就是搬起石頭砸自己的腳，和自己過不去。

法國作家大仲馬（Alexandre Dumas）的經典小說《基督山恩仇記》就講述了這樣一個故事：

年輕英俊的水手愛德蒙從海外歸來，他擁有美麗的未婚妻和稱心如意的工作，有著美好的人生前景，然而他的一切卻遭到了他人的嫉妒。

在他的同事、鄰居、還有情敵，三人的共同陷害之下，愛德蒙被打入死牢，未婚妻也離他而去，投入他人的懷抱，看到愛德蒙的遭遇，三人天真地以為就此打敗了愛德蒙，認為他必死無疑。

可憐的愛德蒙並沒有就此氣餒，在獄中，他遇到了與他一起關押

The Lesson for emotional management that
I wish I Had Been Taught.

的獄友法利亞神父，從這位神父那裡，愛德蒙學到了很多知識，更學會了幾種語言，並從神父那得知了基督山寶藏的秘密。在經歷十多年的牢獄生活後，愛德蒙在一次難得的機會中成功脫逃，找到寶藏，並遵循神父的教導，幫助了需要幫助的人，化名為基度山伯爵，最終，三個陷害愛德蒙的人都受到了應有的懲罰。

愛德蒙的勇敢和忍辱負重的精神值得我們學習，我們也能從中悟出另一個道理：那就是嫉妒別人並不能讓自己脫穎而出，反而還會使自己落入深淵，嚐到自釀的苦果。

記住，嫉妒的最終，傷害的還是自己。

如果始終處在這種情緒之下，不僅工作效率會下降，還會影響正常的人際交往，因而受到孤立。

而這種「心靈的疾病」又將擴散到身體各處，引起身體上的不良反應，讓疾病不請自到，它是摧毀人性和健康的毒藥。正如莎士比亞（William Shakespeare）所說：「您要留心嫉妒啊，那是一個綠眼的妖魔！」但是現實中有些人卻「樂此不疲」，殊不知自己已經因此失去了很多快樂。

那麼，我們該如何避免和克服嫉妒心理的產生呢？以下提出幾點建議：

找回好情緒*tips*

培養豁達的人生態度

俗話說：「山外有山，人外有人」。

強中自有強中手，優秀的人才層出不窮，人比人會氣死人，如果你不懂得這些客觀存在的真理，總因為別人比自己強而受影響，不能客觀地看待別人的優秀，也不能發自內心替他人的成功開心，那你這輩子注定有生不完的氣。

把眼光放遠，把心胸放寬，這樣才能把世界看得更清楚。我們都應該多接觸他人，開闊自己的眼界和心境，在大環境下審視自己，不要被眼前的小世界所侷限住，如此才能建立客觀、公正的態度，拓展我們的心胸。

多和優秀的人交朋友

你說和很優秀的人交朋友？這不是自找不痛快嗎？

但其實並非如此，「嫉妒」其實就是你看到別人有的東西你沒有，這樣巨大的落差讓你感覺自己太可憐了，又不知道該如何去改變、去解決，因而形成這樣的心理。

如果你和對方一樣優秀，嫉妒心也就不會存在了。那你又為什麼不願意去追趕對方，做得像他一樣優秀呢？我們說最簡單有效的辦法並不是埋頭苦幹，而是和對方當朋友，學習他身上的一切，成為像他一樣〇〇的人，而〇〇就是指你嫉妒的地方。

但是記住，你也不能盲目行事，還要能認知到以下問題：

▲對方現在的樣子真的是你希望的嗎？

▲為了達到對方的程度，你還缺乏哪些必要條件？

▲你的人生目標與你現在正在進行的是否吻合？

多和優秀的人交朋友，你也將逐漸優秀起來。

多看自己的優勢面

善嫉妒者往往對於自己的不幸深感無奈，甚至自卑，嫉妒心又會使他們更加覺得自己不如別人，進而再加重自卑感，加深嫉妒，使自己陷入這無止盡的深淵。其實每個人都有自己的優勢，透過尋找自己的優勢，能夠迅速增加自信，有助於消除自卑心理，進而減輕對他人的嫉妒心。

所謂的「個人優勢」，並非要多麼驚天動地才算，你的每一個進步，其實都是能讓你引以為傲的地方，就算沒有什麼特別的優點，「勇於挑戰」、「敢於吃苦」的精神也能是一種優勢，只要多看到自己的優點，肯定自己，相信自己，就一定能擺脫嫉妒心理。

正視嫉妒，轉為動力

嫉妒心理的產生往往是自卑心在作怪，在實力強大的人面前，有些人難免會因為落差太大而產生自卑，如果一個人的自卑感沒有及時消除，現狀又始終得不到改變時，就會對自己失去自信。並透過嫉妒，甚至小伎倆來攪亂對方，以尋求心理上的平衡，獲得暫時的滿足。

老子有云：「自勝者強。」一個人最大的敵人不是別人，是自己，真正的強者不是打敗別人，更不是給別人製造麻煩，而是超越自己、挑戰自己。將注意力放在自己身上，努力做到最好，從與他人的比較上轉移注意力，就能有效避免產生自卑感，更能從根本上消除嫉妒心理。

總而言之，對別人產生嫉妒並不可怕，關鍵是你能不能正視嫉妒。你不妨借嫉妒心的強烈意志去奮發努力，昇華這種嫉妒之情，將嫉妒轉化為努力的動力，這才是最聰明的做法。

3-5 斤斤計較，其實失去的更多

對別人不要太計較，對自己要好好計較！

——台灣知名作家 戴晨志

　　有句名言說：「愚蠢慵懶、斤斤計較、貪圖私利的人總會看到自以為吃虧的事情。」所以無一例外的，對現實處處計較的人大多沒有快樂可言，一個人是對身邊一切事物過於計較或在意，就越會受此影響，弄得心神不寧，從而失去快樂。

　　宋朝尚書楊玢，在退休之後便告老還鄉，以安度晚年。

　　因為家族富有、人丁興旺，所以家宅也舒適寬敞。一天，楊玢正在書桌前讀書，他的幾個姪子跑來對他說：「不好了，我們家的舊宅被鄰居侵占掉了一大半，不能饒恕他們！」

　　楊玢聞此，便問：「不要急，慢慢說，他們家侵占了我們家的舊宅地？」幾個姪子一一點頭。

　　楊玢又問道：「他們家的宅子大還是我們家的宅子大？」幾個姪子疑惑地看著楊玢，回答道：「當然是我們宅子大。」於是楊玢又接著問：「他們占些舊宅地，於我們有何影響？」幾個姪子回答道：「沒什麼大影響，雖無影響，但他們不講理，就不應該放過他們！」

這時，楊玢指著牆外的落葉對幾個姪子說：「那樹葉長在樹上時，枝條是屬於它的，秋天樹葉黃了落在地上，這時樹葉怎麼想？」幾個姪子你看看我、我看看你，疑惑地看著楊玢，看到他們不明其意，楊玢便直接說道：「我這麼大歲數，總有一天要死的，你們也有老的一天，也有要死的一天。爭那一點點宅地對你有什麼用？」

幾個姪子聽了之後，說道：「我們明白了，我們原本要告他人，狀子都寫好了。」於是便找來狀子給楊玢看。他拿過狀子在上面寫了四句話：「四鄰侵我我從伊，畢竟須思未有時。含苞欲放殿基望，秋風衰草正離離。」落筆之後，楊玢又對姪子說：「我的意思是在權利上要看透一些，遇事都要退一步，不必斤斤計較。」

相反地，聰明的人絕對不會在計較的事上多花時間和功夫，就像英國哲學家培根（Francis Bacon）說的：「過去的事情是無法挽回的。

聰明人對現在和未來的事情還應接不暇，對既往的事情怎麼可能再去計較？聰明人會將眼光放在對未來的期盼上，因為他們懂得：不在小事上太過計較，才有足夠的精力去迎接更有意義的挑戰，才不會在思考得失之間失去快樂。

凡事退一步，是給別人留點餘地，也是替未來的自己留點後路。

找回好情緒*tips*

☺ 適當的退讓是大智慧

　　與人相處，適當的退讓不是懦弱，不是膽怯，而是一種能得快樂的大智慧。凡事與人禮讓三分，就能創造出和諧的氛圍，從而找回好心情。

　　明朝時期，山東濟南人董篤行在京做官。

　　一天忽然收到家人書信，稱家中因蓋房劃地與鄰居發生爭吵，希望他透過威望來平息此事。

　　董篤行讀後立即回信，他在信中寫道：「千里捎書只為牆，不禁使我笑斷腸；你仁我義結近鄰，讓出兩尺又何妨。」家人看後覺得有道理，便照做讓出了幾尺，而鄰居見狀也自覺做法不當，也馬上退讓出了幾尺。結果兩家共讓出八尺，待房子蓋好後，中間就形成了一條胡同，這被世人稱為「仁義胡同」。

　　幾尺的讓步換來了人際關係的和諧與人心的良善，最後皆大歡喜，這就是退讓的力量。退讓求的是和諧，懂得事事禮讓，那麼你就能時時擁有好心情。

☺ 不要總以為自己是對的

　　固執是思想僵化的表現，剛愎自用的人最令人厭惡。不管什麼場合，不管三七二十一，聲聲論證，句句反駁。不是雄辯就一定能取勝，不是說服別人你就能擁有真正的快樂，你越想表現自己，就越容易使自己陷入痛苦當中。

　　大學生文茂畢業之後來到一家公司工作，由於沒有任何工作經驗，所以在工作時經常出錯，當然也就受到上司的批評和同事的告誡。

　　但他認為是公司裡的人故意針對他，只要聽到別人批評他

的做法不妥當，他就會和對方辯解一番，即便是同事好心的告誡，也會被他認為是挑釁。時間一久，他和上司、同事之間的關係變得非常緊繃，而他每天上班也是很沮喪，後來還沒等到老闆開鍘，他自己就先辭職了。

固執己見也要有分寸，就算別人的說法真的不對，你也用不著處處辯解，處處計較，倘若一味地強調自己的正確，就不會有任何人願意給你建議。

☺不計較得失，不影響心情

在生活中，有些人之所以不快樂，常常是因為過於在乎別人的評價，過於計較自己的感受，因為沒有受到應有的關愛而顧影自憐；因為被低估了而心有不甘；因為付出太多而自覺得不償失。這樣計較得失，當然不會快樂，一個人只有學會忽略這些瑣碎的小事和比較心態，才能留住快樂。

在紐約車站的一個候車室裡，一名滿臉疲憊的老人坐在靠門口的座位上，滿是塵土的衣服和帶有污泥的鞋子，他看起來好像走了不少路。

這時，列車進站，老人慢慢站了起來，掏出車票，準備剪票進站。忽然候車室裡走出一個胖太太，手裡提著兩個很重的箱子，看到在她不遠處的老頭，她便馬上大聲喊道：「喂，老頭，過來幫我提一下行李箱，我會給你一些小費的。」老人聽到之後馬上走了過來，接過胖太太手裡的一個行李箱，和她一起走進剪票口。

他們剛上車，火車就開了。胖太太對老人說：「真是謝謝你，要不然我肯定來不及搭車了。」接著便掏出一美元給老人，老人笑了笑，欣然接過硬幣，放進了口袋。

「洛克菲勒先生（John Davison Rockefeller），很高興

你能乘坐我們的列車，請問有什麼能為您效勞的嗎？」列車長恭敬地對老人說道。老人回答：「不用了。謝謝，我只是剛參加三天的徒步旅行回來，現在我要回紐約總部。」

聽到兩個人的對話，胖太太愣住了：「什麼？洛克菲勒先生。」她驚呼道：「天啊，我竟然讓石油大王洛克菲勒先生幫我提行李箱，還付給了他小費，我都做了些什麼啊？！」於是她連忙轉身向洛克菲勒道歉，並不好意思地表示——還是把那丟臉的一美元退給她吧！

但洛克菲勒卻微笑著說：「妳不用向我道歉啊，太太，妳也沒有做錯什麼。」說著，他拿出那一美元說道：「這是我賺的，所以我理應收下啊。」於是，他鄭重地再次將硬幣放進上衣口袋裡。

人生總有不如意，但你是否快樂，取決於你對人生的態度，一個人的快樂，不是因為他擁有很多，而是因為他計較的少。不為自己的一點得失而浪費精力、牽動元氣，你才不會被別人輕易左右，才能掌握自己的情緒，與快樂相遇！

抒壓小撇步

不計較，不比較

佛家說的「八苦」之一：「求不得苦」，就是指想要的得不到，因此覺得痛苦，所以欲望越多的人，就越痛苦。人為什麼喜歡計較？就是因為「不知足」，喜歡忽視自己擁有的，再去羨慕別人的，只有不計較、不比較，凡事才能看得開，也才能以同理心待人，並將自己從禁錮之中釋放出來。

敏感，摧毀你的平靜心靈

敏感並不是智慧的證明，傻瓜甚至瘋子有時也會格外敏感。

——俄羅斯詩人 普希金（Pushkin）

　　敏感的人註定會有細膩的感情，優雅地詮釋世間的美好，即便是很微小的美麗與幸福，他們也能發現並為此深深感動。

　　但同時，敏感的人也會因生活中一點小小的波瀾而思緒萬千，容易情緒化，很多令他們悲傷、難過的事，在普通人眼中卻不值得一提。因為別人一句無意的回應就鬱鬱寡歡，甚至別人投來一個無意的眼神，他們也會認為那是針對自己的，鎮日胡思亂想，思前想後，結果將自己逼到死巷。敏感也許會讓人發現更多細微的美麗，但同時也會帶來無盡的憂愁，所以太敏感的人總是很難快樂。

　　而敏感的原因之一就是自尊心太強，太在乎自己的感受，太在乎別人對自己的評價，擔心自己的缺點被人指出，又擔心別人對自己的優點視而不見。

　　美國歷史上最偉大的總統之一，羅斯福（Franklin Delano Roosevelt），他在中年時成為參議員，在政壇上可謂是炙手可熱，但不幸的是，他患上嚴重的疾病之後便隱退政壇。

在發病初期，他的身體就嚴重到不能行動的程度，必須坐輪椅，而且上下樓都要依賴別人幫忙，面對這樣的情況，他不僅沒有心灰意冷，反而在晚上一個人偷偷地練習上下樓，不希望別人幫助他。

一次，他找到一種上樓梯的好方法，興奮地告訴家人，還表演給大家看。他以手臂的力量把身體支撐起來，然後挪動身體到第一個臺階上，之後再把腿拖上去，如此反覆動作，便能爬上樓梯。

他的家人一看，馬上上前阻止，並老實地告訴他：「你身為政壇人物，如果讓別人看到你這樣掙扎地挪動，多難看啊。」然而羅斯福卻不以為然地說：「但這是我必須坦然面對的。」

．．．

弱點總是要暴露的，正如優點也總會有機會表現出來一樣。而對待弱點的坦然態度，正需要自己先充滿自信。只要你勝人之初，長於人處，某些弱點的暴露反而更加說明你的弱點不過如此而已。而你的長處，你的可愛、可敬之處，卻如風景，讓人印象深刻。

姑且不論別人如何評價我們，無論遇到什麼事，我們都應該以坦然的姿態面對，而不是寄託在感覺之上，被別人的話牽著鼻子走。即便是面對難堪，我們也應該坦然處之，如此才不會被別人的言語所操控，主導自己的情緒。

世事難料，太敏感不是一件好事，否則總會因事件而造成情緒波動，這不僅讓我們失去快樂，也會影響健康。想要快樂，就要能忽略一些細微的感受，凡事無須太敏感，但有些人卻會因為天生敏感而深陷壞情緒無法自拔，那麼又要如何才能改變這種情況呢？

找回好情緒*tips*

☺擁有正確看待他人不同意見的心態

　　敏感的人常常擔心遭到別人的否定，這是因為過強的自尊心在作怪，以至於對別人的批評、笑聲、手勢等都會覺得是對方在否定自己，擔心別人對自己的印象不好。特別是當自己在工作中出現錯誤或是發現自己存在著不足時，更會憂心忡忡。

　　其實更多時候，否定他們的並非別人，而是自己。正是他們的敏感製造了錯覺，且過於主觀地認為別人與自己過不去，但其實是我們那迴避、掩飾的態度先否定了自己。

　　他人的意見並非不正確，如果你注重感覺，卻不對其做客觀的分析，就很容易誤解別人的意思，把自己惹得心情不佳，也會對你的人際關係造成影響。當聽別人評價自己時，一定要先理性地分析對方的話，力求做到客觀，而不是被當下的感覺衝昏腦袋。

☺正視自己的不足

　　敏感的人容易放大自己的感受，同樣對於自己的缺點也會更加重視，即便只是小小的不足，也會心神不寧，總是擔心別人會因為這個缺點而不喜歡自己，或是過分放大缺點而產生自卑。例如自認為長相不佳，走在人群當中總是很自卑，一旦別人注視自己，就會認為是在嘲笑自己的外表。

　　其實人人都有不足，也都有做錯事的時候，缺點本身並沒有大小而言，很多你看似嚴重的缺點，其實人們並沒有關注過，因為那或許再普通不過了，一切都不值得你大驚小怪。

　　面對自己的不足時，敏感的朋友要學會正確看待，捨棄你的放大鏡，更不要用顯微鏡來看自己的問題，而是要客觀地認

識自己，同時認識自己的不足才是。

☺矯正自己的敏感度

　　成功來自努力，同時也來自良好的心理狀態和處世態度。生活不可能十全十美，我們也不可能總是處在最高位，享受所有人的擁戴和愛護。被嘲笑，甚至中傷，都是我們生存中不可避免的過程，如果你對任何事都敏感至極，那麼就可能永遠沉浸在悲傷和憂愁之中。所以一定要矯正自己的敏感度，避免事事都在意。你可以這麼做……

　　▲找回平常心：很多事都以平常心看待，你遇到的，別人可能也都經歷過或正在經歷，用平常心去面對、接受，並解決，其實一切並沒有你想像得那麼嚴重。

　　▲避免先否定自己：你越把它當一回事，就越是難以超越它，超越自己。不是事情本身有多麼難以解決，而是你先否定了自己的能力，自己嚇自己。若你勇敢地去挑戰那些困難的事，你會發現所謂的「困難」其實並沒有什麼，都是能解決的問題，用不著過度擔心。

抒壓小撇步

增加社交活動

　　「想太多」，用中醫的話說，就是「憂思傷脾」、「因鬱致病」，如果你思慮太多，長時間讓自己處於憂愁、緊張、壓抑的狀態，就會損傷身體的脾臟。而適當地增加社交活動，培養多種休閒娛樂，將有助於平衡我們的性格，也讓自己減少獨處胡思亂想的機會。

Ten Lessons for emotional management that I wish I Had Been Taught

Lesson 4

forgive

澆滅心火

——怒髮衝冠傷身體。

憤怒跟衝動是常見的負面情緒，很多人都知道「生氣」就是拿別人的錯來懲罰自己，但為什麼就是忍不住呢？其實只要我們在「快上火」時，適時地轉移注意力，就能順利消弭掉這股怒氣。學會替憤怒找出口，學會忍讓，學會將負面情緒化為正面力量，便能找回曾經快樂的自己。

4-1　原諒對方，就是釋放了自己

生氣，是拿別人的錯誤來懲罰自己。

——德國哲學家　伊曼紐爾・康德（Immanuel Kant）

這換成更明確的說法就是：「恨一個人，就像為了殺一隻老鼠而燒掉整棟房子。」或者是：「你因為不喜歡自己的臉，就割掉自己的鼻子。」當我們因為某人而生氣時，我們對對方造成的影響遠遠不及對自己造成的傷害。

生氣可以殺人，這絕對不是危言聳聽。維吉尼亞・威廉斯博士（Virginia Williams）博士曾和他的妻子理德福德・威廉斯博士（Redford Williams）合著一本名叫《生氣致命》（Anger Kills）的書。而事實證明，生氣的確可以讓一個人喪命。

一個名叫德威恩的年輕人非常易怒，三十歲時因為工作意外傷到背部，這不僅使他丟了工作，並且從此承受病痛的折磨，對此德威恩氣憤不已。因為他覺得受傷難康復，老闆不仁慈，家人朋友不夠體貼，連上帝也對他不夠眷顧，才讓他這麼年輕就遭遇這樣的不幸，這些事都讓他憤恨不平。所以多數時間德威恩都待在家裡，只是自己想著各種不開心。如果有人詢問他的近況，他就會突然生氣，甚至常常

不由自主地流眼淚。

　　一次，他難得到街上走一走，碰到一個曾和自己有過節的人，但還沒等他上前大罵對方時，他便雙手抓住自己的胸口，重重地摔倒在地。當他被送到醫院之後，醫生的診斷結果是心臟病。

　　每當德威恩一不順心，他都會情緒激動，甚至不顧一切地大罵一頓。之後，他的心臟病又發作了。這次，他的妻子、兄弟、醫生和牧師紛紛到他的身邊，嚴重警告他：「你要控制自己的情緒，因為你的心臟承受不了你這樣不斷的刺激。再這樣下去，你很有可能哪一次就會因此而死去。」但是德威恩卻歇斯底里地喊道：「不！我寧願死也不願意承受這一切的痛苦！」

　　沒過半年，正當德威恩拿著電話對著電話裡的人大聲咆哮時，他的心臟病最後一次發作了。

　　當家人發現他的時候，他已經過世了，且手裡還緊抓著電話。

- -

　　生氣的確會大量地損耗精力，而且還是你在替別人的錯誤買單。

　　如果為了無數的生活瑣事就開始發脾氣、喝悶酒，那只會傷害自己的身體；瘋狂購物，也只是揮霍自己辛苦賺來的錢。就算對方有多麼可憎可惡，我們再怎麼生氣也懲罰不到那個人，只是在懲罰自己。記住，生氣根本解決不了任何問題。

　　那麼，對於別人的錯誤，我們最好的應對方法是什麼？

　　有一句話說得非常好：「如果你選擇原諒，那你就釋放了一名囚徒。而這名囚徒就是你自己。」

　　原諒，就是當一隻腳踩到紫羅蘭花瓣上時，紫羅蘭卻將香味留在了那隻腳上。當然有人會說，寬恕不就是讓自己吞下更多的委屈嗎？其實正好相反，雖然原諒不是件容易的事，但它對我們來說卻能搶回

更多時間與精力。原諒別人，就是選擇釋放自己。

拋棄小心眼

小心眼的人，總是因為很多事情卡在心裡不說，當然也就放不下，一天到晚想著別人對不起自己，所以總是壓力很大。背負著如此壓力，當然不可能有好的心情、好的生活，仔細想想，其實很多事並沒有那麼嚴重。

只要把心胸放寬，把事情「想開」，即便是別人對自己的傷害也能換一種角度思考，讓自己無事一身輕，沒有了抱怨與怨恨，快樂就會悄然而至。

找到原諒對方的理由

如果永遠只記得對方對自己的傷害，那麼你當然很難做到寬恕，所以你必須找到能原諒對方的理由。每一個人身上都有優點，只要你善於尋找，你就能很快地發現對方「好的地方」。將他的可惡之處都先擱著吧，你會看到一個人身上更多的美好。

消除敵意：平常心

有些人在與人交往時總是帶著「敵意」，所謂的「敵意」就是看誰都看不順眼。當你與某個人有過節的時候，你可能就會對對方表現出「敵意」，他的一句話，甚至一個眼神，都可能引爆你的情緒，讓你大發雷霆。但其實真正被埋藏的炸彈，是你的這種「敵意」，只要你能先減輕它，試著以客觀的態度去看待對方，那很多事情自然而然便覺得沒那麼嚴重了。

想想對方是否有別的理由

當你和別人吵架了，心裡不舒服是正常的，因為沒有人願意被否定、被批評。但事情過去了就過去了，你不應該將這種情緒帶到日後的往來當中。

當你看到對方時，你還在為先前的事情耿耿於懷，或對方沒有主動和你打招呼，你也許就會想：「是不是他不想跟我往來？一定是他小心眼，還記得之前的事！」但其實對方也許早已忘了爭吵，只是沒發現你而沒有和你打招呼，又或者是你若有所思的表情，打消了對方出聲的衝動。

凡事不要太主觀，不要總是用自己的角度去看待對方，放下一切過分細膩的焦慮，和對方真誠地打個招呼，那很多事情就可以因一方的「放下」而煙消雲散。

寬容的秘訣：多與人來往

美國前總統羅斯福說過：「成功公式中，最重要的一項因素是與人相處。」從某種意義上來說，寬恕是獲得友誼、累積人氣的一個重要途徑。

一個人的人際來往情況，直接影響了他的工作和生活，還有看待事物的胸襟，越是與人交際廣泛，你的心胸就能越開闊。當你經歷的人事物多了，視野就會更寬廣，就不容易再為一些瑣碎的小事受影響。多與人交往，增加自己的閱歷，你會越來越懂得如何寬容。

4-2 熄火，
轉移憤怒的前兆

治療憤怒的最好辦法是等待。

——古羅馬哲學家　塞內卡（Lucius Annaeus Seneca）

在生活中，學會將剛燃起的憤怒火苗及時撲滅，也是一種人生的必學課。

俗話說：「當斷不斷，必有後患。」在憤怒產生初期就立即採取行動，將憤怒的前兆轉移，就可以避免很多不必要的麻煩。

但遺憾的是，90%的人在發現憤怒的前兆時，並不會採取任何行動，反而任由它四處蔓延，最終使得自己暴怒，對身邊的人和自己造成嚴重影響，但其實這一切是完全可以避免的。

斯坦先生因為工作非常不順利，所以回家後不是悶悶不樂，就是和妻子抱怨一些工作上的鳥事，每當他到氣頭上時就會開始大發脾氣，這讓他的妻子難以忍受，於是便找心理諮商師求助：「他現在一回到家就和我說他遇到了什麼煩心事，他有多生氣、有多無法忍受。我簡直煩透了！他為什麼不能把那些憤怒留在自己心裡，那是他工作上的問題！為什麼總是要把情緒帶回家呢？」

諮商師開導她：「斯坦先生的情況的確不太好，但是妳要知道，

The Lesson for emotional management that
I wish I Had Been Taught.

如果他在剛表現出抱怨、悲觀、難過的狀態時沒有被控制住，那麼很快就會發展成發脾氣。所以當妳在聽他說那些不愉快的事時，應該要先注意到他的情緒變化，及時發現他開始生氣的信號，然後一起去克服這個難題。」

斯坦的妻子後來照做了，每當斯坦先生說到快開始情緒激動時，她便主動轉移話題或是轉移他的注意力，於是，斯坦先生的情緒漸漸變得穩定多了。

憤怒並不可怕，因為它是可以提前消除的，你越早控制住你的憤怒，越難受到它的影響。如果你總能提前將憤怒的前兆轉移，那就能有效減少生氣次數，使你多數時間都處於快樂之中。

那要如何才能在憤怒的初期就消除它呢？

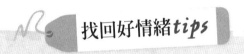

找回好情緒 *tips*

😊注意憤怒的前兆：產生不悅

任何事都有前兆，憤怒也不例外，只要你仔細體會自己的感受，靈敏地察覺情緒變化，那麼很快就能發現憤怒產生的前兆信號。

產生不悅就是憤怒的一個明顯前兆，有權威心理研究機構曾調查出：有將近一半的人每週都會有不悅的經歷，不悅沒有憤怒強烈，但是卻更常見，人們很容易從不悅當中恢復過來，但卻常常忽略它的惡化。

不悅對我們的影響當然不及憤怒，可是一旦不悅沒有消失，而是轉而繼續發展，就會成為憤怒的導火線。

一般情況下，人們憤怒的前兆表現有以下幾種：

▲走來走去，或是重複某個動作，心神不定，內心焦慮。

▲咬緊牙關，握緊拳頭，心裡或嘴裡不停叨念著某件事，或是詛咒某個人。

▲看什麼都覺得不順眼。

▲對任何事情都沒有興趣，不關心。

一旦發現自己心情不佳或是莫名地感到失落時，就要趕緊採取措施，勸慰自己，讓自己從不悅的狀態中解脫出來。

找到憤怒的原因

班傑明・富蘭克林（Benjamin Franklin）曾經說過一句話：「憤怒從來都不會沒有原因，但沒有一個是好原因。」如果你生氣，那一定是你遇到了一些麻煩。在憤怒的前期，有時你只是表現出不開心或是情緒低落的樣子，你甚至也說不清到底是為什麼。

此時你可以回憶一下近幾天、幾週或一兩個月之內發生在身上的事，思考一下哪些事讓你覺得不高興，或是曾讓你的情緒起了波瀾，認真地回想和分析。如果你知道憤怒的直接原因，那就好辦多了，這樣你很容易就能找到引發你憤怒的關鍵問題，並著手改善它。

用客觀的態度看問題

無論因為什麼事情憤怒，都說明你看待問題的角度不夠客觀，或是把問題想得太嚴重了。凡事可大亦可小，關鍵是你如何看待它。如果你不把它放在眼裡，而是將其看成一件小事，它就不會影響到你，反之，如果你總覺得這件事很嚴重，那麼你就會被它左右。

例如，你正在開車，忽然旁邊一輛車超車，並且插隊到你的前面，你心裡可能會覺得不舒服。但或許是對方有急事，迫不得已這麼做，若能客觀看待，你的情緒就不會受到影響。

🙂不要讓負面情緒放大你的憤怒

如果你對某人或某件事憤怒，就不要再繼續想：「為什麼這件事這麼糟糕？」或是「這個人怎麼這樣做事的？」如果你不能馬上停止這樣思考，你的負面情緒就會越積越多，從而加劇你的憤怒，不斷循環。

🙂不要總想著指責別人

如果你一心認為錯誤在對方，總想指責別人，那麼你的憤怒就會迅速升高。不要總以苛刻的目光來看別人，多從自己身上找原因，改變自己才能更快適應環境。

🙂報復心理，免了

報復心理會加劇憤怒的程度，當你把責任歸罪於別人之後，下一步可能就是報復。避免總想著其他人如何地可恨，而是要轉移自己的注意力，想想開心的事，報復是極不成熟的表現。

🙂不要總將問題放自己身上

當感覺自己開始生氣時，先問問自己：這種憤怒是不是過於自我的結果，是不是別人根本沒想過針對我，而是因為他有不順心的事。

對於憤怒固然有處理的方法，但如果能在憤怒剛出現時就及時採取措施，則能為你節省精力，不被無故的壞情緒困擾。

讓心清醒，
眼不見、耳不聞

如果做好心理準備，一切準備都已經完成。

——英國劇作家 莎士比亞（William Shakespeare）

俗話說：「眼不見，心不煩，耳不聽，心自淨」，這是十分有道理的。人總是因感官和感受而引發情緒和思考，如果先截斷這種傳播資訊的途徑，自然能避免不少煩惱。然而世界本身就是嘈雜的，它無時無刻不在運轉、變動著，不可能停止，也不可能由我們而定，既然環境無法改變，我們就必須改變自己。

曾擔任中國足球隊教練的米盧，就常常「堵」上自己的耳朵，當然這是因為他有一位會幫他過濾問題的好翻譯——虞惠賢。例如，一些無法上場的球員對米盧的指責，在輸了比賽之後對他的質問，都一一被翻譯過濾掉了。

某次在中國隊獲勝之後，一名球迷曾在一次的談話節目中激動地說出這樣的話：「米盧先生，您幫助我們實現了四十四年的夢想，當您離開人世的時候，我們一定給您建立一座豐碑，每年都去墓地給您獻花。」連主持人也覺得十分失禮、不妥當，但米盧卻並沒有表現出不悅，那是因為虞惠賢在為他翻譯時，省略了這段話。

The Lesson for emotional management that
I wish I Had Been Taught.

連米盧自己也說：「我有個好翻譯，他從來不告訴我他們對我的侮辱和指責。這對我來說就很輕鬆了。」而米盧自己的態度也是：有些事情是需要耳不聽為淨的，因為他也不願意自尋煩惱，介入許多人事上的糾紛。

有些話不聽，有些事不看，的確可以避免怒氣的產生，但又該如何才能做到眼不見、耳不聞的程度呢？

 找回好情緒*tips*

試著客觀迴避

我們在生活中常會看到這樣的場景：小孩子在因為某件事或某個人而哭鬧不止時，大人會將孩子抱走，當孩子看不到令他不開心的人事物，哭聲就會漸漸小了，其實這對我們成年人來說也很有幫助。

當被不希望看到的畫面或不希望聽到的言語困擾時，如果我們能迅速脫離這環境，那麼就能避免情緒受到影響。但是在現實中，很多人的行為卻恰好相反，別人越是和他吵，他就越是情緒激動，非要拚出個你死我活不可，非要給自己找個不痛快，說白了就是「不服氣」。其實，這樣做有什麼好處呢？最後只是局面難以收拾，情緒越來越糟而已。

在我們要發火時，可以迅速採取人為的迴避，不再受外界環境的刺激。例如，你和別人吵了起來，都到了氣頭上，甚至要動手了，若你能冷靜離開，找一個安靜的地方，讓自己迅速降溫，阻止一切讓你情緒波動的根源，你就能從中解脫出來，

不被那些事情左右心情。

試著主觀迴避

很多人又會有個疑問：現實中哪有那麼多可以迴避的機會？很多時候都不得已要去面對。的確，我們經常會遇到這樣的情況，例如：上班擠公車，不小心踩到別人的腳，對方回了一句不中聽的話，但這車還是要坐呀，好不容易擠上去了，你總不能再擠下來吧！即便那人就站在你身邊，你也要忍；在公司被老闆批評，誰都不喜歡，但老闆說了什麼，你還是得照樣做不是嗎？

想逃卻逃不了，客觀迴避不管用了，怎麼辦？那我們就要學會主觀迴避，這比任何一種客觀迴避都要有效，如果能真正做到主觀迴避，那無論遇到任何事情，我們都能做到不動身、不動氣，化解很多的心結和衝突。

而主觀迴避是什麼呢？這是指透過主觀的努力，來強化個人的潛意識，在主觀上轉移自己的注意力，故意做到不聽、不理睬那些消極資訊。平時人們假裝聽不見、看不見，的確能避免一些衝突，但有時這種方法卻沒有效，如果遇到一個固執的人，非要和你說清楚，而你又無法脫身，那又怎麼辦？因此，我們必須做到主觀上的完全轉移。

美國高等法院有一位年輕的女法官，名叫瑪麗，她的成功不僅來自努力和勤奮，同時也在於她的「充耳不聞」。在她結婚當天，她的婆婆對她說了一些話：「妳應該記住，在每一段美好姻緣裡，都有一些不值得聽的話語，妳要能做到充耳不聞。」接著給瑪麗一副耳塞，瑪麗覺得很驚訝。

婚後不久，瑪麗就和丈夫吵架了，這時她想起婆婆的話，戴上耳塞，爭吵很快就停止了。後來瑪麗學會了，只要在氣氛

不對的時候，瑪麗對丈夫的言語統統充耳不聞，這不僅使她獲得了美滿的婚姻，在事業上，旁人的一些誹謗、中傷，瑪麗也一概採取這種態度，使她在事業上也穩步前進，成為一名頗受好評的法官。

如果你無法很好地運用這種主觀迴避法，那建議你先思考一下幾個問題：

▲為什麼要讓別人的言語來影響自己呢？

▲為什麼不替自己建立一個接受正確資訊的「窗口」呢？

▲為什麼不把那些讓人反感的情景和話語擋在耳朵外呢？

▲為什麼不掌管耳朵和眼睛，讓它們聽從自己的指示呢？

給自己強烈的自我暗示，忽略對方和外界環境，那麼主觀迴避法就更容易實現了。

抒壓小撇步

難受是短暫的

在這個世上的種種繁華虛榮、誰是誰非，並不能讓你得到真正的快樂，就像是我們看一場電影，聽一場演奏會，終有結束的時候。當你因為過度在意他人的評價而憂慮時，不妨想想，此時此刻的難受，不過是人生中一個再小不過的片段，日子久了就忘了，何必急在此時此刻在意呢？

4-4 學不會忍讓，
離成熟很遠

人人都有幸福和痛苦，只不過是程度上的不同而已。誰遭受的痛苦最少，誰就是最幸福的人；誰感受的快樂最少，誰就是最可憐的人。

——法國思想家　盧梭（Jean-Jacques Rousseau）

美國著名的人際關係學大師卡內基（Dale Carnegie）說：「人格成熟的重要標誌就是寬容、忍讓、和善。」若你在矛盾的面前始終學不會忍讓，就總會被事情牽累，你既無法成熟，也就更提不上圓滿的成功。一個人，只有學會忍讓別人的不恭和錯誤，試著去寬容和原諒別人帶給自己的傷害，與人能和善相處，才能稱得上是真正「圓滿的人」。

有一個婦人，在和朋友、鄰居的相處中，她總是很容易為一些小事而生氣，為此，她和周遭所有人的關係都不太好。她曾說，她一點也不快樂。

有一次，她跟學生時代的老朋友傾訴了滿腹委屈，而朋友聽完後，建議她去南山廟裡找一位得道高僧談談，婦人答應了。

一天，她到了廟裡，見到那位老和尚，就請教他：「師父啊，我老是在生氣，你能告訴我為什麼嗎？」老和尚聽了，笑了笑，接著帶

她走到柴房門口，她覺得很疑惑，但還是硬著頭皮走了進去。

她才剛踏進去，老和尚就用鎖將柴門鎖了起來，轉身離開。

婦人莫名其妙被鎖在柴房裡，便破口大罵：「師父啊！你幹嘛把我關在裡面啊？快放我出去！你這個死和尚……」但任憑她如何叫喊，老和尚都不開門，只是在遠處坐著。

過了一段時間，這婦人總算是安靜下來了。

這時候老和尚開了門，問她：「妳還生氣嗎？」，她便回答：「我是在生自己的氣！氣自己為什麼要來這裡受這種罪！」

老和尚聽了，只說道：「連自己都不能原諒的人，要如何去原諒別人？」便拂袖而去。

過了一段時間，老和尚又回來問她：「妳還生氣嗎？」，她便回答：「沒有，不生氣了。」

「為什麼呢？」老和尚問。

「生氣也沒有辦法啊……」婦人無奈地說。

老和尚便平淡地說道：「妳的氣還沒有真正消失，還在心裡，爆發的話一樣會很強烈。」接著又離開了。

過了一段時間，老和尚第三次來到柴門邊，婦人一看到他就立刻說：「我現在不生氣了，因為這些不值得氣了。」

「不值得？那看來妳心裡還在衡量，還是有氣。」老和尚笑了。

「師父，那到底什麼是氣呢？」婦人無奈地問道。

老和尚聽了，便將手中的熱茶潑灑在地上。她看了，半晌一語不發，接著便向老和尚道謝，安靜地離去了。

* * * * * * * * * *

氣是什麼呢？就好比別人在驕陽之下潑出的滾燙茶水，如果你硬是要將這口水喝了，難保不會燙傷嘴，但如果你無視它，那麼這無法

入口的水在轉眼間也就消失了，假如你能明白這個道理，要做到「無視」這一步也就不難了。

人家都說：「忍無可忍，無須再忍。」如果你只是一味地忍耐，那當然很難去消除憤怒的情緒，就會繼續對健康造成危害，所謂「真正的忍讓」，並不是一忍再忍，而是「不再為了什麼」而容忍。

其實只要想一想，我們就能明白——很多時候我們都認為別人傷害了我們，卻不曾先在自己身上找原因。難道真的都是別人的錯嗎？仔細想想你就會發現，原來老天也很眷顧你，很多事情是當你不再去在意它時，它就會自然而然地消失了。記住，忍讓的真諦是將「氣」置之於度外。

 找回好情緒 *tips*

😊你的心比海洋更寬廣

生氣的感覺不好受，特別是在現實完全背離我們的期望時，更能體會到這種煎熬，讓人難以忍受與承受。但其實，人心可以是這世上最狹窄的地方，也能是最寬廣的地方，就如同那句名言——比陸地更寬廣的是海洋，比海洋更寬廣的是一個人的心房。

不論孫悟空怎麼逃，都逃不出如來大佛的手掌心，心的「容量」遠比那些令人煩惱的世俗之事要浩瀚得多。痛苦之事再多再煩，也不會淤積到心土的邊緣，只會在心靈裡佔據很微小的一部分。所以與其為凡事而苦惱，不如放寬自己的心胸，縮小那些不必要的痛苦。

☺ 找出平靜下來的理由

　　當別人對你說了不中聽的話，或是看到一些反感的情景時，我們自然會心生不滿和怨恨。但是如果在要發火前先找出幾個可以讓自己心情平靜下來的理由，先進行自我說服，讓怒火迅速降溫，就能減少很多矛盾和不必要的麻煩。

☺ 替別人想，解脫的是自己

　　「為別人著想，就好比是一種心靈解脫，體諒的是別人，解脫的卻是自己。」這是個很簡單的道理，但是做起來並不容易。在遇到矛盾時，很多人都會據理力爭，指責別人做錯了，抱怨現實如何不公平，卻很少從自己身上找原因，也不願意站在對方的角度去思考問題，因此總是無法擺脫愁苦的心境。

　　但只要你能適時站在對方的角度上想一想，對方或許有苦衷，有無奈，也有不足，只要能多體諒對方的感受，不要總想著這對自己來說有多不公平，那所有的心結更容易打開了。

☺ 煩惱剋星：平常心

　　佛說：「物隨心轉，境由心造，煩惱皆由心生。」貪婪、嫉妒、虛榮；友情、愛情、親情；懦弱、堅強、高興；煩惱、爭強好勝、口蜜腹劍，這些都是我們自己造成的，我們快不快樂，其實完全在於我們怎麼想、如何去看待身邊的事物。如果在任何情況下，我們都能抱有平常心，不以物喜，不以己悲，不為遭遇不公而憤憤不平，不為受到他人中傷而生氣，不為別人對自己的寡情薄意而難過，不為凡事左右心情，那就沒有什麼能讓我們煩惱了。

　　「人心不是靠武力征服，而是靠愛和寬容征服。」如果你懂得忍讓和寬容，那就等於征服了全世界，你不僅是成熟的，也能因此得到更多你所缺乏的。

排除身邊易上火的潛在因素

你傷害過誰，也許早就忘了。可是被你傷害的那個人永遠不會忘記你。
——美國人際關係學大師 戴爾·卡內基（Dale Carnegie）

憤怒和嫉恨就像火焰，如果你一直捧著它，它就會燒到你。這是個非常生動的比喻，如果一個人在憤怒時不懂得節制和改變心態，那麼最終會引火自焚，使自己葬身火海。

歷史上因為沒有及時壓制住怒火，最終導致惡果的事情屢見不鮮，不理智和衝動往往會埋下眾多禍患，不可不慎。

在大不列顛戰爭中，英國人摸透了希特勒的脾氣，先轟炸了柏林，吊起希特勒的胃口。果不其然，性格急躁的希特勒馬上將戰場從天空轉移到陸地，對各個城市展開狂轟亂炸，而英國人反倒利用這個契機更新了雷達系統，英國的機場也得到了喘息的機會。

訓練有素的英國人伺機而動，而希特勒卻因此亂了陣腳，最終戰敗。導致希特勒失敗的元兇就在於他的憤怒和衝動，憤怒是一種極具破壞力的情緒，它會給人們帶來很多負面影響，而衝動更會使這種怒火迅速蔓延，若不想被這種情緒所左右，我們就要避免衝動，如果覺得自己怒火中燒，那麼就要及時排空周遭會讓你上火的因素，事先阻

斷一切潛在的麻煩。

一個人一旦怒火中燒，便像喝了酒一樣，會表現得不夠理智，容易陷入憤怒的情緒之中而無法自拔。那要如何才能從這種情緒中逃脫出來呢？很多人會認為只要將氣發洩出來就沒事了。但殊不知，怒火越是發洩，越會蔓延，這就如同「煽風點火」的道理一樣。發洩很好，但防患於未然更好。

當察覺自己的情緒激動時，最好的辦法就是「控制它」，也就是排除身邊易上火的動機，將其消滅掉。那又如何才能做到呢？我們可以從以下幾個方面來做：

 找回好情緒 *tips*

☺ 馬上轉移注意力

對於憤怒，你越是重視它，越會深陷其中無法自拔。其實只要稍微轉移一下自己的注意力，將目光投射到其他事情上，那些看起來令人憤怒不已的事也就沒有那麼嚴重了。

☺ 拉開空間上的距離

拉開空間距離，其實就是指離開那些令你感到不悅的事情，沒有了憤怒的根源，怒火自然就會漸漸熄滅了，「眼不見，心不煩」說的就是這個意思。

☺ 閉上多事的嘴巴

嘴是引發衝突的禍根，一句話可以帶來皆大歡喜，也可能導致一連串的衝突和爭吵。在很多情況下，其實並非事情本身

有多麼難以處理，而是人們彼此的言語攻擊與出言不遜，導致衝突激化，最後局面不可收拾，所以在憤怒時適時地閉上自己的嘴，不多嘴，就等於抑制了火勢的蔓延。

制定規則規範自己

怒火燃燒不停止，原因之一在於沒有滅火器。對我們來說，滅火器是什麼呢？其實就是幾句自我提醒和警告，在快要生氣時給自己一句警告，或事先制定一些規則來規範自己，以及時阻斷怒火，就能避免不理智所衍生出的麻煩。

清朝官員林則徐，就在自己家裡掛了一塊「制怒」的字匾，當他覺得自己要發怒的時候，就會趕緊看這兩個字，及時控制自己的情緒。同樣地，我們也可以借鑒與此，寫一些可以迅速消除怒火的話，貼在自己經常看到的地方，例如：辦公桌上、床邊、冰箱上，只要是隨處可見的地方，都留下一些寬心的話來勸導和提醒自己，我們就不會被怒火快速包圍。

坐下來，保持安靜

一個人在生氣時，由於血液中的腎上腺素會明顯上升，使血液循環加快，便會為舒展四肢而增大活動幅度，最常見的表現就是坐立不安，而這行為又會進一步導致人體的血流加快，進而為發怒提供更多能量。

而研究證明，一個人在坐下之後，血液循環和新陳代謝的速度會比站立時減慢。在發怒時坐下來，情緒就會較站立或行走時穩定，如果能坐下來一段時間，情緒也會慢慢變得穩定。所以當你發覺脾氣要升起來時，可以先找個安靜的地方坐下來，讓自己的情緒冷靜下來。

☺多替別人考慮一些

為什麼憤怒呢？很多時候都是我們自討苦吃，和自己過不去，總是在想「我如何如何，而別人又如何如何的錯了」，這種想法越是極端、越是經常出現，你就越容易被憤怒包圍。

此時不妨換一個角度思考問題，多站在對方的角度上想一想。如果你在開車時別人超了你的車，你不妨對自己說：「他一定有什麼緊急的事情需要處理。」多用積極、樂觀的眼光看待問題，多替別人考慮一些，你就不會被憤怒纏身。

☺寫出對方的好處

俗話說：「人無完人，金無足赤。」每個人都有缺點，我們憤怒的原因常常是來自人們身上的一些缺點，例如，對方沒有向你伸出援手，對方性格較差等等。但每個人都有可取之處，多想想別人的優點，不要總侷限在那些缺點和不足上，我們會發現憤怒的情緒很快就能消失了。

十幾年前，洛克菲勒的石油公司因為一位高級主管的決策失誤，瞬間損失了兩百多萬美元，為此這個主管十分擔心洛克菲勒會將自己辭退，而公司的高層也都惴惴不安。

公司的另一名大股東愛德華知道這件事後很氣憤，他走進洛克菲勒的辦公室，發現洛克菲勒坐在椅子上，正在寫一些東西。愛德華十分疑惑，洛克菲勒便說道：「我想你已經知道公司剛剛損失了不少錢，但我認為這並非那麼嚴重。」他拿過手上的那張紙給愛德華看，上面赫然寫著那位高級主管一長串的優點，以及他過去的成績，他對愛德華說：「他曾經為公司做出三次正確的決定，替公司賺得的利潤，遠遠要比這次的損失多出很多。」

洛克菲勒正是以這種寬大的胸懷，使自己成為石油帝國的領導者。而愛德華也曾經感慨道：「洛克菲勒處理那件事的態度十分值得我學習，即便事情已經過去很多年，但它依然給予我警惕。每當我要生氣的時候，我都會強迫自己坐下來，拿出紙和筆，寫下對方的優點，然後做個清單。通常都會發現那些令我憤怒的人，對我竟然都是益處極大的，這也使我養成了這樣的工作習慣，為我留住很多有能力的員工。」

　　寫下別人的優點，找到對方之於自己的意義和價值，這是一個避免和消除憤怒的好方法。

抒壓小撇步

腹式呼吸

　　當你在吵過一架，或是感覺怒氣尚存時，可以找一個安靜無人的地方，用丹田深呼吸十五下。一下，兩下，一邊數著，一邊緩慢地進行吸氣和吐氣，同時用堅定的意念告訴自己：「一切都會很好。」盡量想像自己從怒氣當中解脫出來的感覺，如此便可立竿見影地降低心跳和血壓。

4-6 務必 替你的憤怒找出口

　　不論人生多不幸，聰明的人總會從中獲得一點利益；不論人生多幸福，愚蠢的人總覺得無限悲哀。

——法國哲學家　羅休夫柯

　　《黃帝內經》上寫道：「餘知百病皆生於氣。怒則氣上，喜則氣緩，悲則氣消，恐則氣下，驚則氣亂，思則氣結。」諸如憤怒這樣的負面情緒，就要及時清除它，否則虛無的「氣」在身體裡堵得久了，就會成為真實的病源。

　　如果一個人一味地壓制憤怒，那麼最後累積起來，會常出現無意識的暴怒。同樣要發洩，我們不需要因過激的行為招致別人的不滿，好比氣球灌進了過多的氣會爆炸一樣，一個人要適當地發洩憤怒的情緒，才能保持自身的平衡。

　　古希臘有位叫盧修斯的人，他一生氣就會開始繞自己的房子和土地跑三圈，後來他的事業漸漸做大了，房子和土地越來越多，但不管跑得氣喘吁吁，汗流浹背，他生氣時總會繞著房子和土地跑三圈。

　　對此，他的孫女很不解：「爺爺，你生氣時就繞著房子和土地跑，這是為什麼呢？」

盧修斯說：「我年輕的時候，一和人吵架、爭論或生氣時，就習慣繞著自己的房子和土地跑三圈。我邊跑會邊想：『我的房子這麼小，土地也這麼少，哪有那麼多的時間和精力去跟別人生氣呢？』一想到這裡，我的氣就消了，也就有了更多的時間和精力來做正事了。」

孫女又問：「那你當了富翁之後，為什麼還要繞著房子和土地跑呢？」

盧修斯笑著說：「我邊跑就邊想，我房子這麼大，土地也這麼多，又何必和人家計較呢？一想到這裡，我的氣也就消了。」

盧修斯用繞著房子和土地跑三圈的方法來為自己的憤怒找出口，是個明智的做法。同樣地，生活中我們也可以借助一些途徑為自己的憤怒找出口。

通常消解憤怒的方法有以下幾種：

找回好情緒 *tips*

☺適當地發脾氣

亞里斯多德（Aristotle）曾說：「發脾氣是值得讚揚的，如果你能做到在適當的場合，向正確的對象，在合適的時刻，使用恰當的方式，因為公正的理由而發脾氣的話。」

適當地發脾氣是一種人生的藝術，同時也在於給憤怒的情緒找到合理的出口。但又像亞里斯多德所說的，脾氣不是亂發的，它也需要符合特定的條件。

有一位商人曾經這樣敘述自己：「我一定不會讓別人看到我發怒的樣子。即便真的生氣了，我也會馬上離開，到健身房打拳擊，把沙袋當做我憎恨的對象，來發洩我的怒氣。」這樣

128

The Lesson for emotional management that
I wish I Had Been Taught.

的做法就很聰明，對別人發脾氣，難免會導致人際關係緊張，也極有可能激發新的衝突，但在健身房打拳擊，將沙袋當成對象，就可以完全避免掉那些麻煩。

🙂 寫下心情

把情緒寫下來，同樣是發洩怒氣最佳的途徑之一。書寫是一種在憤怒時放鬆情緒的好方法。

伍德赫爾是一間企業的總經理，年輕時曾因為在一家公司職位很低，上司沒有給予他應有的重視和升遷機會，使他覺得非常氣憤和不滿。

提起當時的感受，伍德赫爾曾這樣形容：「有一段時間，我這種強烈厭惡的感覺開始擴張，讓我一整天都不想在這個鬼地方待下去。」但他並沒有發洩這種憤怒，僅拿出一支筆和一瓶紅墨水，把上司的種種不是寫下來。為什麼要用紅墨水呢？他解釋道：「因為黑墨水不足以發洩我內心強烈燃燒的怒火！」並將自己的不滿說給他的一個老朋友聽。

而他的朋友建議他用黑墨水寫下這些人的優點，以及他個人現在應該做的和自己十年內的計畫，然後將他寫的兩個顏色的清單拿出來比較。在比較的過程中，伍德赫爾漸漸冷靜下來，開始從客觀的角度看待一切，很快地，他的怒氣便消失了。而這個過程，就是書寫憤怒發揮效用的關鍵之處。

當你要發怒時，可以馬上坐下來，寫下那些你不願直說的事情，在這個過程中讓自己安靜下來，除了記錄那些讓你不悅的事情外，你還應該思考並寫下以下內容：

▲為什麼要生氣？

▲這樣生氣值不值得？

▲生氣先傷害的不是別人，而是我嗎？

▲想想事情的原因，是不是我也有錯的地方？

如此，便可以逐步冷靜下來了。

☺一個人散步

散步是一種安定情緒的好方法，很多時候，導致我們憤怒的原因往往是緊迫的局面。所以當你要發怒時，不妨替自己找個安靜的地方，一個人走一走，就算不知道要去哪裡，只要獨自一個人，大步地奔走也能產生冷靜的效果。

☺試試音樂療法

科學家認為，當人處在優美悅耳的音樂當中，神經、心血管、內分泌和消化系統的功能都會得到改善，並且會促使人體分泌一種有利於身體健康的活性物質，從而調節體內血管的流量和神經傳導，更重要的是，音樂的聲音和頻率會給人們帶來心理上的變化。

優美的音樂能改善人們的情緒，使人們精神振奮；而舒緩、優美的音樂是療傷的最好方式。當你怒火中燒時，不妨找一些輕鬆、歡快或優雅沉靜的曲子聽一聽，隨著優美的樂曲，你的怒火也會漸漸熄滅。

☺想想那些值得你期待的事

在一些特定的情況下，我們的憤怒很難發洩出來，例如，早上上班被老闆責罵，但是你還要工作，這怎麼辦呢？此時就可以將你的注意力轉移到一些令你開心的事情上，例如：想一想週末怎麼過？工作完成之後會獲得什麼好處？這樣你就會慢慢淡忘曾被批評的事。

Ten Lessons for emotional management that I wish I Had Been Taught

Lesson 5

overcome

克服壓力

——人生壓力是常態。

壓力是「常態」，多數人面臨著來自工作、家庭、生活的壓力，在現在這個嚴峻的大環境中求生存，時間一久，就容易讓人產生壓抑、痛苦、憂鬱、易怒，甚至想放棄人生等極為負面的情緒。除了人際關係受到影響，對健康的傷害也不可小覷，只有當你能告別完美、笑對煩惱時，你才能重獲新生。

5-1 不怕壓力大，就怕承受的面積小

一定的憂愁、痛苦或煩惱，對每個人都是時時必需的。一艘船如果沒有壓艙物，便不會穩定，就不能朝著目的地一直前進。

——德國哲學家　叔本華（Arthur Schopenhauer）

在這個競爭激烈的社會，學業與就業、家庭與工作、物質與精神等諸多衝突的形成，使得人們家庭、生活、工作、人際關係各方面的壓力接踵而來，成為我們生活中的一部分，克服壓力也變成眼下很多人都在「努力」的事。

很多人都會抱怨現實的壓力過大，的確，現實的壓力如同一張無形的大網，讓人們無處可逃。但壓力大並不可怕，最可怕的是沒有化解壓力的能力，無法承受這些壓力的負重。

化解壓力的方法有很多，我們還可以怎麼做呢？

有一個女孩叫雪莉，她大學時念的是中文系，後來進入一家廣告公司，擁有優越的工作環境和豐厚的年薪。照道理說，雪莉應該過得不錯，不會有跳槽的念頭。

一天，雪莉為老闆寫一個活動的演講稿，卻怎麼也不能讓老闆滿意。雪莉硬著頭皮改了七、八次，但總是被老闆批評得體無完膚，還說

她完全不是做廣告的料，這些話讓雪莉委屈得想要離職。

她認為老闆是有意為難她，怎麼就碰到這麼挑剔的上司呢？真是倒霉啊！

一連幾天，雪莉都陷入這種痛苦又無法擺脫的情緒當中，無法自拔，當然，老闆的演講稿也沒再讓她寫，而是交由比她早一年到公司，跟她畢業於同一所學校的學姐代勞了。

對此，雪莉很不舒服。一方面覺得上司針對她，另一方面又覺得學姐代勞傷了她的自尊。

但是，工作上的困難誰都遇到過，碰到了問題誰都不會高興，關鍵是你自己怎麼看待這個困難。沒有一個老闆會無緣無故地處處為難一個員工，他大不了可以開除你。但這反倒是一個磨練的好機會，我們生活中的很多本領都是在特定情況下被逼迫學到的。雪莉轉念一想，決定虛心跟學姐好好學習。

幾天之後，學姐和她共同完成了演講稿，上司很滿意，並拍著她的肩膀說：「雪莉，妳還是有潛力的，但是要努力表現出來呀！」聽到上司這樣的肯定，頓時又覺得他是個和藹可親的老頭了。

心態改變了，情緒也改變了，結果自然也隨之改變了。

生活中，有些人會因為壓力過大而變成「高壓鍋」，有的人卻能在高壓之下活得相對輕鬆，這是為什麼呢？就在於後者增加了自己的承受面積，讓自己在同樣的壓力下分散到更小的力量，如此一來，負重感就減輕了。

既然你無法改變環境，那就改變自己；既然壓力無法減輕，就增大自己的承受面積，減小壓力對自己的負擔。那該如何增加自己承受壓力的面積呢？這聽起來很抽象，但實際上實踐起來並不難，以下就

向大家介紹幾種行之有效的方法：

 找回好情緒*tips*

向他人傾訴，壓力減一半

有一句話説：「一個人的憂愁由兩個人分擔，憂愁就減少了一半。」透過向人傾訴的方式來減輕壓力的負重感，其實也是類似的道理。當我們將困擾自己的事情説給第二個人聽時，我們的壓力就會分到對方身上，自身的負重感就會減輕，説給第三個人聽時，這種壓力又會再分到三個人的身上，我們所感受到的負重感就會更進一步地減少。

但是實現這個過程需要一個很重要的前提，那就是我們所傾訴的對象必須十分值得我們信賴，並與我們有著非常好的交情，而且善於傾聽，使我們在與他們交談時能無所顧慮，這樣對方才能體會到我們的壓力和感受。

而一個最簡單直接的判斷標準就是：當你和一個人交談之後，發現自己輕鬆很多，説明你找的傾訴對象很正確，他幫你承擔了一部分的壓力，為你減輕了負重感。反之，則説明你的傾訴對象不太理想。

自我寬心法

既然外界的壓力無法改變，那我們就應該努力改變自己的想法和作法，讓自己的心靈更寬闊，增加承受壓力的面積。俗話説：「心寬體胖」，其實就是這個道理。心寬廣了，負重自然就減輕了，心暢則體胖，所以時常為自己寬寬心，開導自己，就能在無形中減輕自己的負重感。

The Lesson for emotional management that
I wish I Had Been Taught.

你可以從以下幾個角度思考，來為自己寬心：

▲壓力常在，每天太陽都一樣會升起，快樂也是一天，憂愁也是一天，那為什麼不快樂一些呢？

▲很多時候事情總是難以如人所願，如果我們總是深陷其中而無法自拔，那麼心裡就永遠不會順暢。

▲快樂不是因為得到的多，而是計較得少。在生活中要懂得知足惜福，不要主動替自己製造壓力。

▲我們的生活可能不是最富有的，但卻有可能是最幸福的，不要總覺得低人一等。

😊從事有氧運動

運動有助於減輕壓力，這是每個人都知道的，讓身體每個部位的肌肉都運動到，能量和脂肪的消耗就會增加，從而使新陳代謝加快。在汗流浹背之後，我們通常就會覺得身心無比輕鬆，以下幾項有氧運動最能幫助我們減輕壓力：

▲跑步：跑步有助於平靜情緒，在慢跑的途中，那些惱人的壓力就會漸漸被釋放。

▲游泳：游泳是最好的有氧運動之一，更重要的是，人在水中會有進入另一種世界的感覺。

▲跳繩：跳繩是典型的有氧運動，不僅能增強心肺功能，也能讓心靈放鬆。

▲瑜伽：瑜伽著重在靜中冥想，伴隨著大量出汗，也會使人瞬間感覺輕鬆很多。

何不現在就開始著手呢？

5-2 笑對煩惱，放下過多的遠慮

雖然世界多苦難，但是苦難總是能戰勝的。

——美國盲聾女作家　海倫・凱勒（Helen Adams Keller）

俗話說：「人無遠慮，必有近憂。」這固然是個真理，但如果遠慮過多，就會陷入另一種極端——無端製造很多不存在的壓力。

有個我們常聽到的故事：老太太雨天擔心開染衣店的兒子布料曬不乾，晴天又擔心賣雨傘的兒子生意不好，這就是典型的杞人憂天。遠慮並非不可，但沒有限度地憂慮未來，就永遠都會被壓力包圍，因為在現實當中，很多事情都無法面面俱到。

一間寺廟裡，有個小和尚被安排每天清掃院子裡的落葉。到了秋天，小和尚每天都要早早起來，花費很多的時間去清掃成堆的落葉，著實是一件苦差事，為此小和尚很是頭疼。

後來一個和尚提醒他：「你可以在打掃時用力地搖晃樹幹，多搖下一些樹葉，這樣你就可以幾天都不用掃了。」小和尚聽了之後覺得很有道理，於是第二天早上他就早早起床，使出了全身力氣搖晃院子裡的樹，並且把所有樹葉都掃乾淨，看著院子裡乾淨整潔，想像自己幾天都可以不用早起掃院子了，小和尚非常高興。

The Lesson for emotional management that
I wish I Had Been Taught.

138

第二天，小和尚遲遲才起床，走到院子裡，他大吃一驚——院子裡依舊滿是落葉。

此時一位德高望重的老和尚走到他身旁，意味深長地對他說：「傻孩子，在這種時候落葉是每天都會飄落的，就算你前一天多麼用力地搖，第二天葉子還是會照常落下啊！」小和尚一時恍然大悟。

現實中很多人生活得不快樂，時常抱怨壓力大、責任重，這往往都是因為沒有明白這個道理，總是企圖將人生中可能遇到的所有煩惱都解決，殊不知煩惱就像不斷飄落的樹葉，是無法提前清掃的，又何必過度杞人憂天呢？

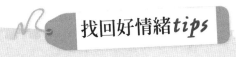

找回好情緒 *tips*

☺避免為明天的事惴惴不安

在撒哈拉沙漠，有一種土灰色的沙鼠，旱季來臨前，牠們都會含著草根在自己的洞口進進出出，囤積大量的草根，忙得不可開交。即便草根數量足以牠們度過整個旱季，牠們仍不肯善罷甘休，還是繼續拼命工作著，直到草根多到拖不進洞穴為止，牠們才會安心，踏實地度過旱季。

後來科學家針對此一現象進行了研究，發現沙鼠的這種行為是受到基因的影響，使牠們形成一種本能的擔心。

在現實生活中，有些人常會為了可能遇到的麻煩而惴惴不安，總是將一切可能出現的情況都思考一遍，唯恐自己到時候會束手無策，始終處在緊張和不安之中，壓力也隨之而來。人生不可能一帆風順，總會遇到這樣那樣的麻煩、困難和挫折。

我們不會知道前方會發生什麼，即便我們再三思慮，計畫仍然趕不上變化，憂慮沒有用，解決才是硬道理。

不同問題會有不同的解決方法，未來不可知，我們就更沒有必要為此而惴惴不安。明天來了，自然會有解決的辦法的。

☺ 給自己一條「安心金項鍊」

有一名貧窮的鐵匠，他經常擔心很多問題：如果我沒有足夠的糧食，下一個冬天沒有保暖的衣服，吃不飽穿不暖，那麼我就容易生病了，生病我就沒辦法打鐵了，這樣我就賺不到錢，我就會更貧困。就這樣，他始終都被煩惱包圍著，他的身體也越來越虛弱，不料有天走著走著就在大街上昏倒了。

當時正好經過一位醫生，醫生詢問了事情的來龍去脈，非常同情，於是送給他一條項鍊，並對他說：「這是一條金項鍊，不到萬不得已，你都不要賣掉它。」

從此之後，鐵匠再也沒有憂愁過，在家計遇到困難時，他總是想：我還有一條金項鍊呢！如果窮得實在無法活下去，我還可以用它來換錢。鐵匠經歷了很多困難，但他都堅強地挺了過去，並且非常努力地工作。十幾年過去了，鐵匠憑著精湛的手藝得到越來越多人的喜愛，生活也漸漸變得富裕。

後來鐵匠退休了，閒暇之餘，他忽然想到：何不拿那條項鍊到商店去估個價呢？但沒想到結果卻令他大吃一驚，商店老闆告訴他，這條項鍊並非真金，只是銅的罷了。鐵匠隨即頓悟了：「原來醫生給我的不是一條金項鍊，而是一劑解開我心結的良藥啊！」

生活中總有像鐵匠一樣的人，不僅為了煩惱而憂慮不已，而且還會放大困難，老想著最糟糕的結果，整天都處於無止盡

的擔憂中，害怕現實真的會如自己所想的那樣。其實很多問題並沒有想像中那麼嚴重，人們之所以會失敗，往往是無形中給自己增加了很多不必要的壓力，過多的遠慮才是阻擋我們快樂和成功最大的阻礙。

對於明天，甚至迫在眉睫的問題，我們都應該理性對待，不要無端放大它們，替自己準備一條「安心金項鍊」，讓自己多一份安心，拋掉過多壓力，我們會發現：那些原本看來難以跨越的障礙，實際上並不困難。

😊 勇敢，笑對煩惱

法國小說家大仲馬（Alexandre Dumas）曾說：「人生其實就是由無數小煩惱組成的一串念珠，懂得自我人生價值的人會笑著數完它。」既然生活中總會遇到壓力和煩惱，與其憂愁度日、思前想後，倒不如勇敢地迎接它們，微笑地解決它們。

「樂聖」貝多芬（Ludwig van Beethoven），自四歲開始練習鋼琴，十歲發表第一首鋼琴變奏曲，在經歷二十多年的勤奮學習後，受到多位音樂大師的讚賞與肯定。二十五歲那年，他憑藉著彈奏自己創作的作品，得到人們的廣泛認可，成為登上維也納藝術舞臺的鋼琴演奏家。

然而就在貝多芬的音樂事業開始飛黃騰達之時，上天卻對他開了一個大玩笑，遭遇一生中最大的挫敗，他的聽力開始出現異常，耳朵裡時常發出嗡嗡的聲音，多次醫治仍不見任何好轉。然而在貝多芬三十二歲時，他徹底失聰了，這對一個熱愛音樂，並忠於創作的音樂家來說，是一個再大不過的打擊。

但沒想到他耳朵聽不見之後，創作了大量世界聞名的鋼琴曲，其中更包括經典之作《命運》交響曲。

如果貝多芬因耳聾而過度煩憂，又怎能獲得如此巨大的成就？不對未來過分擔憂，不給自己施加多餘的阻礙，就是達到成功最簡單、最直接的途徑之一。

　　未來的確需要憧憬或展望，但更需要你付出實際行動去兌現。你可以計畫未來，但絕對不要為未來的種種事先擔憂，只有做好現在，才能前進好的未來。做，就對了。

抒壓小撇步

規劃優先次序

　　當壓力處理不善時，我們才會覺得有個「隱憂」，才會感覺壓力無所不在。

　　壓力並不會真的壓垮我們，我們仍然可以選擇快樂地過生活，若你總是習慣杞人憂天，那「在事前排定處理的優先次序」便可以解決你的問題。

告別完美主義，即刻解除壓力

緩慢程度跟記憶濃淡成正比，速度高低跟遺忘快慢成正比。

——法國作家　米蘭‧昆德拉（Milan Kundera）

現實總是不完美的，完美雖然能給予我們源源動力，但一個人如果過於追求完美，就會因不滿和企圖完善現狀，而背負很多自行製造的壓力。

───────────────────

一個男人始終找不到自己滿意的另一半，所以到一家婚姻介紹所找尋機會。

走進婚介所的大門之後，他看到迎面有兩扇門，一面寫著「美麗」，一面寫著「不太美麗」，他想：我的新娘當然要十分美麗。於是，他毫不猶豫地選擇了前者。

走進那扇門之後，他又看到了兩扇門，一扇門上寫著「年輕」，一扇門上寫著「不太年輕」，男人又馬上推開年輕那扇門。就這樣，男人照著自己的理想標準推開無數道門。但當他推開最後一扇門時，門上寫著這樣一句話：「如此完美只有天上有。」

───────────────────

現實中，也有很多人常常在不知不覺中陷入追求完美的「規則」

中，就如同那位追求完美伴侶的男人一樣。

有個笑話，有一個美女，開出了徵婚條件：（一）要帥、（二）要有車。然後，她輸入了電腦搜尋，出現的是：「象棋」。

她看了很不滿意，於是改輸入了：（一）要有錢、（二）要有房子。然後，按了搜尋鍵，結果出現了：「銀行」。

她看了更不高興了，她又改輸入：（一）要MAN、（二）要有安全感。結果，螢幕出現了：「蝙蝠俠」

她不死心，最後把所有條件都打上去：（一）要帥、（二）要有車、（三）要有錢、（四）要有房子、（五）要MAN、（六）要有安全感。按下搜尋鍵後，電腦出現了：「在銀行下象棋的蝙蝠俠。」

這是個笑話，卻告訴我們：現實當中總有缺陷，當你越追求完美，就越會背負著壓力。更何況，世界上根本不存在「完美」，完美只不過是一個烏托邦式的假設，如果總在某件事上過於追求完美，那就有你好受的了。

有一位非常潔癖的男士，他每上一次廁所就會洗四、五次手，若在家裡的話，就會乾脆洗澡。如果不這樣做，他就會覺得「很髒」、「很噁心」，長期下來，造成很大的心理障礙和壓力，他只能以少吃飯、少喝水來減少上廁所的次數。擔心他健康的家人，為此強制帶他去醫院看精神科醫生，最後，總算是緩解了這樣的症狀，逐漸回歸到正常人生。

對某件事過於追求完美，甚至到了吹毛求疵，那是十分危險的，如果一個人深陷在極端當中無法自拔，那最終只會讓自己陷入龐大的壓力無法逃脫。想釋放壓力，就必須摒除追求完美的念頭，那要如何才能告別完美主義呢？

找回好情緒 *tips*

☺ 摒棄過於固執的個性

一個人過於追求完美，就會制定較高的目標，一旦沒有達到，就會過度自責，抱怨自己努力不夠，或是抱怨任人不賢，從而陷入自我檢討和沮喪之中。即便他們知道自己的目標設得過高，也不願輕易更改計畫，結果當然始終背負著壓力。

完美主義者在做事時常常過於極端，一旦認定或是下定決心後，就會極力維護，如果有相反的意見出現，便會表現出激烈的反抗，即便看到事實的真相，也是一意孤行，不願做出改變，眼看現實與自己的距離越來越大，壓力便隨之增加。

研究表明，強迫性完美主義不利於身心健康，而且容易導致自我挫敗，工作效率降低，從而使人際關係和自尊心受到傷害。若想摒棄完美主義，就要改掉過於固執的個性，接受不完美並為現實做出改變。

☺ 結合現實制定計畫

習慣追求完美的人做任何事都希望自己是最早完成的那一個，總是催促自己趕在他人之前儘快做完所有事，但這種期望又往往與現實不符合，這時他們就會因無法實現期望而發怒，並因此產生沉重的壓力。所以在制定計畫時，我們應該從實際情況出發，適度地做調整，避免因無法實現而產生過多壓力。

☺ 不要用自己的標準對待別人

追求完美的人爭強好勝，不僅對自己苛刻，對身邊的人也存在著質疑。別人身上的一點小缺點，他們也難以忍受，總是認為如果對方按照他們的方法做事，就完全能夠避免錯誤。但

是實際上他們也沒有一個固定標準，因為他們總是在得到一個結果後，又產生另一種不滿。在他們看來，任何人離他們心中最完美的標準都相去甚遠。

這種過於自我的表現使他們在別人的眼中缺乏包容心，苛刻又難以接近。所以他們的人際關係多半很糟糕，當他們形單影隻時，就會因心靈孤獨而出現心理障礙，但又容易反過來抱怨別人孤立他，忘記立起這道牆的正是他們自己。

因此，完美主義者不僅要學會寬容自己，更要學會原諒和接納別人，在與人交往時給別人一些空間，多一些肚量這樣才能與人建立起良好的人際關係。

☺改變自己的處事態度

完美主義者對自己的要求非常高，也十分注重別人給自己的評價，他們希望別人眼中的自己是完美的，希望聽到別人對自己的認同和讚美。一旦別人表現出不友善的表情或態度，他們就內心不安，甚至產生自我懷疑。

一般情況下，他們會努力克制，不輕易發表自己的見解，並且在與人交往時小心翼翼，使得精神始終處於緊張和自制的狀態，這種情緒累積過久，就會產生壓力，變得鬱鬱寡歡。

要擺脫這些壓力，完美主義者就要改變自己的處事態度，不要老是被別人的評價左右心情，更不要因為心存不滿和憤怒就一味地克制。而是要選擇適當的方式宣洩，這樣就能有效避免情緒壓抑，也不會出現因暴怒而影響人際關係的行為。

☺正確對待別人的評價

完美主義者多半認為自身條件很不錯，所以很難接受別人的忽視或不尊重，一旦人們對他們表現出不屑一顧的態度，他

們就會開始擔憂，是不是自己哪裡做得不好？心情也越來越糟。但是當別人對其表示出讚賞時，他們又會不以為然，認為自己還可以更好，並覺得他們的評價不夠有權威，只不過是說說罷了。

所以，他們在無人顧及時十分缺乏安全感，由此產生壓力；在眾人簇擁時，卻又覺得那些都是不可信的讚揚，也同樣會造成壓力。

產生這種雙重壓力的關鍵就在於，他們無法正確看待別人之於自己的評價，過分在意他人的評價。

要消除壓力，首先就要增強自信，在平常生活中提高自己的心理抗壓力與抗挫折能力，如此才不容易因別人的言語而迷失自我，因外界的環境變化而影響心情。

水果不僅需要陽光，也需要涼夜。寒冷的雨水能使其成熟。人的性格陶冶不僅需要歡樂，也需要考驗和困難。

——美國作家 麥可・布萊克（Michael Blake）

「化壓力為動力」，這是很多人都知道的事情，但是對我們來說，真的實現起來卻很難。壓力總會讓人們產生恐懼，可多半是我們自行製造很多不必要的壓力，導致自己退卻而失敗。

從今天起，就讓壓力轉為動力，只要能找到適當的方法，再大的壓力也不可怕，相反地，壓力越大越能給予我們前進的動力。

一九七三年三月，舉世聞名的拳王阿里（Muhammad Ali）在一次的拳擊賽中輸給了當時名不見經傳的拳擊手肯・諾頓（Ken Norton），輿論剎那間譁然沸騰，人們對阿里的挖苦與諷刺鋪天蓋地。

同時一些人也開始擔心這位世界拳王會因此一蹶不振，輝煌不再。但是阿里並不以此擔憂，反而冷靜地分析了比賽的細節，找到戰敗的原因，並且將這次意外的打擊看成前進的動力，堅持不懈、更加刻苦練習。最終在參加洛杉磯舉辦的一次拳擊比賽時，將肯・諾頓打敗，重新奪回拳王的頭銜。

壓力多大，動力就會有多大。將打擊看成機會，在壓力中找到動力，那你就能打敗壓力，無所畏懼。

找回好情緒 *tips*

😊 投入壓力當中，全力以赴

　　在遭遇壓力時，讓人們舉足不前的往往不是壓力本身，而是因壓力而產生的「焦慮情緒」。

　　例如：因為求職時強手如林，擔心自己會被淘汰，結果還沒努力就先放棄了；因為工作繁重，覺得壓力太大，心情沮喪，焦躁不安，結果本該一天完成的工作，一周還沒有完成；因為男女朋友工作忙，許久沒有跟自己聯絡，就思前想後，擔心對方離開自己，結果無事生非，反倒成了破壞雙方關係的罪魁禍首。

　　憂慮由壓力引起，而憂慮又使壓力無端擴大，如此的惡性循環最終導致失敗。

　　可見，是憂慮讓人們失去了動力。如果我們能拋下這種負擔，先付諸行動，全力以赴地解決問題，不把壓力當壓力，不為此浪費精力，反而能發現那些壓力並不會對我們造成太過的影響，相反地，越是投入其中，越是不在乎壓力，就越能打敗它。

　　壓力就像彈簧，你弱它就強，你若反攻它，不把它當回事，全力以赴、放手一搏，反倒佔據了上風。

換種態度看問題

「人的態度就像磁鐵，不論我們的思想是正面的還是負面的，我們都會受到它的牽引。」而態度就像指標，讓我們朝著特定的方向前進。雖然我們無法改變人生，但我們可以改變人生觀；我們無法改變環境，但是卻可以改變心境，換一種心境看問題，世界就會大不同。

有一家大型鞋業公司準備拓展非洲市場，派出兩名業務員前去考察。A業務員到了目的地後，看到當地的人都光著腳，便想著：「這裡沒有市場，他們都不穿鞋，在這裡拓展業務，壓力太大了。」結果他沒有任何進展便空手而歸。而B業務員看到當地的情況後，卻欣喜萬分地回報：「這裡的人都沒有穿鞋，這會是一個很大的市場！」於是B業務員積極與當地人交流，很快就開拓出一番天地。

一個人如果用消極的態度看待世界，就容易無端生出壓力；反之，積極面對，那即便是遇到那些常人看來壓力大的事情，也不會擔憂，反而能成為自己的一股強大助力。

在困境中找希望

挫折是一把雙刃劍，於弱者來說是利刃，但對於真正的強者來說卻是一把能保護自己的好劍。在挫折中我們落寞、痛苦，我們的生命潛能也在與挫折的對抗當中漸漸被激發，當你能真正地戰勝挫折，你便能為自己的人生創造價值。

作家史鐵生，在二十一歲時患上重疾，雙腿因此不幸癱瘓，起初，因為雙腿的殘疾，史鐵生曾經怨過、恨過，脾氣也越來越暴躁，甚至對人生失去了信心，一度想自殺以擺脫內心的痛苦。然而在挫折的磨練中，他逐漸找到自己的信仰，如他在作品《病隙碎筆》中講述的：「有一天，我認識了神，在科

學的迷茫之處，在命運的混沌之點，人唯有氣靈於自己的精神，不管我們信仰什麼，都是我們自身精神的描述與引導。」在這種精神的指引之下，他將寫作當做自己畢生的目標，逐漸走出內心的陰霾，先後發表了多篇散文、小說以及隨筆等，獲得很多讀者的喜愛，最終成為一位著名的作家。

面對現實的壓力，才能成就自己的人生。愛默生說：「每一種不利的突變，都帶著同樣有利的種子。」在挫折的不利因素中，都蘊藏著成功和無限的奇蹟。

抒壓小撇步

無薪假＝準備期

正面思考力，是你一輩子最強大的自我防禦力。景氣雖然低迷，但也不要一味地沉浸在媒體的負面報導之中，如果你正好放無薪假或是在家待業，就可以藉此機會學習進修，為未來做準備。你可以閱讀商管類的書籍，提振你的士氣，或是看看心靈勵志類書籍，幫助你重新找尋人生的方向。

5-5 忘卻，是心靈解脫的藥方

人只應當忘記自己而愛別人，這樣才能安靜、幸福和高尚。

——俄國小說家　托爾斯泰（Lev Tolstoy）

對我們來說，記性好一點沒什麼壞處，無論是解決問題、累積經驗、學習知識，都需要好記性，但是什麼都記著，也不是件好事。

人生總有不如意，如果該忘記的不忘記，那就像是自己折磨自己，總是令人痛苦難耐。

《列子・周穆王》中有這樣一個故事：

宋國有個叫華子的人得了健忘症，已經到了「朝取而夕忘，夕取而朝忘，在途而忘行，在室而忘坐，今不識先，後不識今」的地步，後來他被一個醫術非常高明的醫生治好了，以至於比一般人的記性都要好。

他把數十年的存亡得失和哀樂好惡都回憶了起來，彷彿歷歷在目，在腦海中無法抹去，各種感慨一直湧上心頭，心情煩亂，最終致怒而黜妻罰子，操戈逐人，反而鬧得雞犬不寧。

可見，記性太好，苦惱就更多，但人們對惱人的事情卻總「過目

152

The Lesson for emotional management that
I wish I Had Been Taught.

不忘」，就像有一句話說：「人們原諒他人是容易的，但是忘記則是困難的。」人們之所以痛苦，便是因為深陷在往事的深淵裡無法自拔。

在現在這個壓力與日俱增的時代，如果我們不懂得「忘卻」，就像是不斷給自己增加包袱，給心靈套上枷鎖，讓自己身心疲憊又心力交瘁，那又怎麼可能會有好心情呢？

有句名言說：「記住該記住的，忘記該忘記的，改變能改變的，接受不能改變的。」這絕對是個真理。記住是一種能力，而學會忘記也是一種智慧，唯有學會選擇性地忘記過去，不給心靈過多的負擔，你才能活得更快樂。

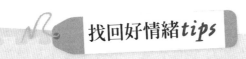

😊 勤掃記憶，惱事隨風

生活總有不如意，特別是在這個快節奏、優勝劣汰的時代，讓我們不如意的事比比皆是，如果事事不忘，皆記於心，那麼你難免被那些煩惱搞得焦躁不安，心神不定。法國作家巴爾紮克（Honoré de Balzac）說：「如果不忘記許多，人生無法再繼續。」

但人們對於那些不如意的事情記性更好，甚至到了根深蒂固的地步，怪不得作家張小嫻無奈道：「如果沒法忘記它，就不要忘記好了，真正的忘記，是不需要努力的。」其實忘記並不難，不能忘記是因為你還沒放下。

放下了，忘掉就很容易了。

改變心態比刻意忘掉那些不愉快來得更重要，慢慢地那些

惱事也就淡了，也許某一天，你甚至會感嘆道：「我當初為何要為他這麼痛苦呢？早一天忘了，才早一天解脫。」時常端正心態，懂得放下的真諦，那麼你就能如秋風掃落葉一般，讓過去淡然離開。

視而不見，本無一物

有一次，禪宗第五代祖師弘忍禪師宣布要傳授衣缽，準備選一人繼承宗位，於是大家紛紛施展才華，陳述心得。

一位上座師神秀，在走廊的牆壁寫了一首偈語如下：「身是菩提樹，心如明鏡台。時時勤拂拭，莫使惹塵埃。」

而一位舂米的苦工看了之後，也寫了一首偈語：「菩提本無樹，明鏡亦非台。本來無一物，何處惹塵埃！」於是苦工繼承了衣缽，成了禪宗第六代祖師慧能。

能夠忘記過去的不愉快，固然稱得上一種智慧，更是一種境界。對眼前的不如意視而不見，不被現實左右情緒，那麼就無所謂束縛，當然也就無所謂解脫。

遊山玩水，驅逐煩惱

有人說：「從上一段失戀的痛苦中解脫出來的方法，就是迅速投入一段新的感情。」以新驅舊，也是一種忘卻的方法。工作、生活的各種壓力讓你無處可逃，複雜的人情世故令你煩躁不安，即便休假你也覺得壓力大，無法放鬆嗎？

現在就放下手中的一切，與朋友結伴出遊，聽聽音樂會、看看電影，或是動手做飯、喝個下午茶，多增加自己的休閒娛樂選項。

你可能還會抱怨：「還有一堆事等著我去做呢！哪還有心思遊山玩水！」但是你要知道，工作是做不完的，如果不能適時放鬆，那麼一旦到了身心疲憊的時刻，你就更無法保證工作

效率了。

　　透過適當的消遣，完全忘掉壓力與煩惱，給自己的心情放個假，調整好心情和狀態，讓自己重新充滿熱情和力量。之後再次投入到繁忙的工作、生活當中，便能積極應對、破解壓力，這樣不僅你的情緒狀態得到了改善，工作效率也更能提高。

抒壓小撇步

做好健康照顧

　　每天長時間的工作，回到家吃遲來的晚餐和宵夜，吃完之後，洗個澡，又累得倒頭就睡，相信這是許多上班族的經驗。雖然自己也知道要吃的健康，但總是心有餘而力不足。那麼，至少從現在開始，多吃點水果蔬菜，補充纖維和維生素；每週運動二到三次，每次二十到三十分鐘，如果可以的話，也將「早點睡」加入你的健康清單吧。如此，就能讓你脂肪、膽固醇累積慢一點，毒素多排一些，精神氣色也會更好。

5-6 拋開壓力，做喜歡的事

人生最好有一種正當的娛樂，那麼即使沒有財富，也能擁有快樂。
——英國前首相　邱吉爾（Sir Winston Leonard Spencer Churchill）

　　興趣能夠激發一個人的熱情，使其集中精力，找到快樂的感覺。從內心深處迸發的熱情最具衝擊力，沒有什麼比投入一件自己感興趣的事更有吸引力。

　　生活中處處有壓力，如果你感到情緒壓抑得很，幾乎快讓自己窒息了，說明你專注在某件人事物上的時間太久了。壓力也需要管理，當你不能在壓力面前保持十足的鬥志和熱情，已經無法應付它們時，那就去做一些你喜歡的事，將所有的壓力統統忘掉。

　　當然，投入地做喜歡的事，不僅是因為它能讓你忘掉壓力和煩惱，使你的情緒得到發洩。更重要的是，這能增加你對生活的熱情，使你能與壓力抗衡。

　　如果你在從事自己喜歡的事情之後，迅速帶著這種熱情投入到工作當中，或是處理一些令你感到棘手的問題，那麼那些還未散去的熱忱就能幫助你提高效率，並實際消除壓力。看看這個故事：

　　一大早，威利跳上了一部計程車，表示要去台北郊區某間公司做

員工訓練。因正好遇上通勤的尖峰時刻，沒多久車子就卡在車陣當中，此時前座的司機先生不耐煩地嘆起氣。

威利便和他聊了起來：「最近生意好嗎？」一聽到這句話，司機的臉就垮了下來，他的聲音不太高興：「有什麼好？到處都不景氣，你想計程車生意會好嗎？每天十幾個小時，還賺不到什麼錢，很氣！」

於是威利說：「不過，還好你的車很大、很寬敞，就算是塞車，也讓人覺得很舒服……」

但司機打斷了威利的話，聲音還激動了起來：「舒服？不信你來每天坐十二個小時看看，看你還會不會覺得舒服？」接著，司機的話匣子開了，開始抱怨政府無能、社會不公、所以人民無望。威利在旁安靜地聽，一點插嘴的機會也沒有。

兩天後，同一個時間，威利再一次跳上了計程車，然而這一次卻碰到迥然不同的經驗。

一上車，一張笑容可掬的臉轉了過來，伴隨的是輕快愉悅的聲音：「您好，請問要去哪裡？」

威利心中有些訝異，這真是難得的親切服務，隨即說了自己的目的地。司機笑了笑：「好，沒問題！」

然而走沒兩步，車子又在車陣當中動彈不得了。

前座的司機手握方向盤，開始吹起口哨哼起歌來，顯然心情不錯。

於是威利問：「看來你今天心情很好嘛！」司機笑得露出牙齒，說：「我每天都是這樣啊！每天心情都很好！」

「為什麼呢？」威利問：「大家不都說景氣差，工作時間長，收入都不好嗎？」

司機說：「對啦，我也有小孩要養，所以開車時間也跟著拉長為

十二個小時。不過，日子還是很開心的，我有個祕密……」他停頓了一下，又說：「說出來先生你別生氣，好嗎？」

威利當然覺得好，只要是快樂的事情，他都想知道。

於是司機說：「我是換個角度來想事情。例如，我覺得出來開車，其實是客人付錢請我出來玩。像今天一早，我就碰到像你這樣的先生，花錢請我跟你到北投去玩，這不是很好嗎？等下到了陽明山，你去辦你的事，現在是花季，我就正好可以順道賞賞花，抽根菸再走啦！」

他繼續說：「像前幾天哦，有一對情侶去淡水，他們下車以後，我也下來喝杯酸梅湯，擠在他們旁邊看看夕陽才走，反正來都來了，更何況還有人付錢呢！」

威利突然意識到自己有多幸運，一早就有這份榮幸，跟這位EQ高手同車出遊，又能坐車，心情又開心，這樣的服務有多難得，威利決定跟這位司機先生要電話，以後再邀他一起出遊。

接過他名片的同時，他的手機鈴聲正好響起，有位老客人要去機場，原來喜歡他的不只威利，相信這位EQ高手的工作態度，不但替他贏得了好心情，也必定帶來許多生意。

....

學會管理壓力，才能更好地對付壓力。投入到自己喜歡的事情當中，喜歡你所從事的事情，你便會獲得更多對抗壓力的力量，從而更好地戰勝它。那麼如何才能找到自己真正喜歡的事情做呢？

158

The Lesson for emotional management that
I wish I Had Been Taught.

找回好情緒 *tips*

☺ 想想你的特質

特質就是天賦。發揮天賦的過程最能給一個人帶來快樂和享受，因為這不需要你絞盡腦汁、花太多時間，往往只是靈光一閃就能輕易完成，就像是受到某種東西的指引，自然而隨意。

每個人都有這種與生俱來的特質，只是特質因人而異，有些人對文字有著獨特的靈感，有的人則對音調和節拍有特殊的感受，而有人又會對數字、複雜公式等數理問題靈敏自如。

然而不少人至今都沒有發現自己的特質，所以少了很多快樂。其實找到它並不難，你的感受會告訴你。拋開你的經驗、閱歷，體會做每一件事的感覺，找到那件你做起來很快樂，又效果不錯的事。想想是什麼讓你做得很好，這種「天才般」的能力就是你的特質。

☺ 找到真正能帶給你快樂的興趣

有的人在做自己感興趣的事時，卻不快樂，這是因為他們並不能發揮真正的天賦，而這很有可能是受到周遭環境的影響所形成的。

例如一個生長在音樂世家的孩子，從小便對音樂耳濡目染，他以為自己找到了興趣所在，但其實他對繪畫有著更好的天賦，只是他還沒有發現，也沒有體會過其中的快樂。

所以很多人做著所謂「感興趣」的事，卻不覺得輕鬆和愉悅，只有去做那些得以發揮個人特質的事情才會真正帶來快樂。

最重要的是你要真的喜歡，感覺從來不會騙人，如果你在做某些事時覺得自己輕鬆又快樂，那麼你一定是真心喜歡它，當

然這些事也必須對健康和生活有益，否則就會增加另一種壓力。

總之，不論是藝術、文學、宗教、還是慈善，只要你找到合乎你才能又喜歡的事，那麼你就找到了快樂的泉源。

⑤ 全神貫注於喜歡的事上

曾任美國西北大學校長的史考特（Walter・Dill・Scott）博士曾說過這樣一段話：「青年人在本職工作之外，應該挑選一項別的活動或興趣，而這種活動是他自願花費一部分精力去關心的。最好是他在做這項活動時，能夠全神貫注，這樣便可使他暫時忘掉自己繁重的工作了。」

人們做發揮自身才能又喜歡的事，都能全神貫注，但有些人會因為思慮過多無法集中精力。英國前首相邱吉爾（Sir Winston Leonard Spencer Churchill）的愛好廣泛，有跑馬、繪畫，還有砌磚。他將砌磚當作一種運動，規定自己每天要砌三百塊磚，因為邱吉爾是早產兒，加上後天酗酒又失眠，身體其實並不好，砌磚能增強體質，對他來說是一種快樂，他從不吝嗇讓別人知道自己的這個興趣。

英國喜劇演員卓別林（Sir Charles Spencer "Charlie" Chaplin Jr.）曾在回憶錄裡寫過這樣一段話：「第二天早晨，邱吉爾帶我去看他砌的圍牆。我大為驚奇，砌牆並不是一件輕而易舉的事，可見邱吉爾砌磚砌得多麼全神貫注」。

卓別林的回憶錄中還寫道：「我認為邱吉爾比我們多數人還會尋歡作樂。他在人生舞臺上扮演了許多角色，表現出了勇氣、興趣與巨大的熱情。」角色增多，壓力自然也就更多，而邱吉爾似乎並沒有被壓力打敗過，這與他在繁忙時也能抽空做自己喜歡的事是分不開的。

所以當你在做自己喜歡的事時就要全神貫注，才能完全忘掉壓力，真正感受到內心進入一個放鬆的境界。

Ten Lessons for emotional management that I wish I Had Been Taught

Lesson 6

actions

正視挫折
——壞情緒轉為行動力。

挫折，是每個人一輩子都會遭遇到的情緒事件。當挫折打擊了你，讓你痛不欲生，那麼你就要認知到——「這世上沒有絕望的處境，只有對處境絕望的人」，挫折必然是你人生中的一門必修課，既然逃不了，面對反而比較輕鬆。想想你在痛苦後又得到了什麼？你才可能化逆境為順境，笑看人生。

挫折是
人生的催熟劑

你想過普通的生活，就會遇到普通的挫折；你想過上最好的生活，就一定會遇上最強的傷害。這世界很公平，你想要最好，就一定會給你最痛。

——香港首富 李嘉誠

在現實生活中，我們難免會遇到挫折和磨難，當面對它們時，人們會恐懼，畢竟身處逆境的苦澀誰也不會想主動面對。而且如果總是處在挫折之中，就會給自己造成莫大的壓力，進而影響個性，變得對自己自卑、對他人冷漠，習慣孤獨，甚至做事固執。

但是對我們來說，適當地經歷挫折的確有一定的好處。先來看看一個故事：

有一個女孩，剛被男朋友劈腿而分手，自己參賽的設計作品又遭到好友抄襲，一連串的打擊令她痛苦萬分。她向母親泣訴，為什麼自己的人生路那麼不順，總是那麼委屈，她並沒有做壞事，為何要她承受這樣的痛苦？

女孩的母親將她帶進廚房，準備了一鍋水，然後將一些咖啡豆研磨成粉末狀，燒起了開水，接著放進了咖啡粉。過了十分鐘，母親把火關了，將咖啡倒入杯中。

The Lesson for emotional management that
I wish I Had Been Taught.

164

母親問女兒：「妹妹，妳聞到了嗎？」

女兒回答：「好香的咖啡。」

母親讓她喝了咖啡。

母親又說：「咖啡粉，原本是苦澀的，但讓開水這麼一煮，原本藏著的香味都冒出來了。」

女孩困惑地看著母親說：「這咖啡，喝起來有點苦，但是很順口，還很香醇。」

母親便微笑地說：「妳看，咖啡粉原本只有一點點香味，但是一倒入沸水之後，再熬煮一段時間，它就開始釋放出自己的真正潛力了……」女孩聽到這裡，便若有所悟地點了點頭。

- -

挫折其實就像那壺沸騰的水，只有我們在遭遇挫折之後，才會對現實和理想的距離有更清楚的認識，在思考與衡量當中逐漸成就更成熟的自己，這是人們在身處順境，尤其是春風得意時無法體會到的事情。

挫折是人生的催熟劑，忍受和經歷挫折也是人生的一門必修課，只有經歷過挫折的人才會更成熟，更堅不可摧。

然而挫折是一種個人體驗，人們在經歷挫折之後，不一定都能成為「香濃的咖啡」，原因在於，有的人在經歷挫折時，能堅忍不拔、百折不撓；有些人則會因為挫折而消極怠工，被負面情緒打倒。若你不能正視挫折，那它就成了一壺冷水，不僅融不開咖啡，還會使其失去真正的價值。

法國作家雨果（Victor-Marie Hugo）說：「藝術的大道上荊棘叢生，常人都望而生畏，只有意志堅強的人例外。」同樣地，我們的一生不可能一帆風順，總會遇到一些痛苦和困難，當荊棘密布，阻擋了

我們前進的道路時，我們不能被紛亂的荊棘所阻擋，更不能後退，要拿出堅定的意志去破除它們，勇於斬斷那些荊棘。只有用積極的態度向挫折發起挑戰，才能戰勝它，走出自己的困境森林。

找回好情緒 *tips*

☺ 在挫折背後，看到希望

「一個人最大的破產是絕望，最大的資產是希望」。

希望能夠給人堅定的信念，帶給人們巨大的內在力量，只要希望還在，那麼就沒有失敗和落寞。如果你不能正視挫折，那不僅不能走出困境，反而會承受更大的痛苦和壓力。只有自己給自己希望，才能獲得真正破除困難和挫折的力量，從而走出困境，戰勝挫折。

古語道：「自助者，天助之。」只要我們充滿希望，不在失敗當中沉淪，很快就會覺得挫折過去了，在人生當中，這個挫折也不過是一段極為短暫的時間。

☺ 不畏挫折，百折不撓

成功者總是能與現實保持良好的接觸，發揮自己最大的能力去改造環境，使現實符合自己的主觀期望，這是因為他們有著百折不撓的精神。

美國第十六任總統林肯（Abraham Lincoln）就曾憑藉這種頑強的精神，先後闖過九次大大小小的挫敗，最終登上萬人矚目的政治舞臺，成為受人尊敬的歷史偉人。

人們在一次次的挫折當中承受磨練，但成熟卻是在一次次的跌倒和爬起中練就的。

The Lesson for emotional management that
I wish I Had Been Taught.

166

下雨過後，一隻蜘蛛艱難地往牆角那張已經支離破碎的網爬去，可是由於牆壁潮濕，牠爬到一定的高度就會掉下來。但牠還是一次次地向上爬，然後一次次地掉下來……

　　第一個人看到了，嘆了一口氣說：「我的一生不就像這隻蜘蛛嗎？總是庸庸碌碌而無所作為。」於是，他日漸消沉。

　　第二個人看到了，他想，生物都如此了，何況人呢？於是，他變得更加堅強，去面對那些不順利。

　　挫折就像狗一樣，當牠對你大聲吼叫時，若你害怕牠，放縱牠的吼叫，被牠嚇得不知所措，挫折便會來勢兇猛，朝著你撲過來。你若是跑，牠就會拼命地追趕你，你跑得越快，牠追得越猛，若是追上了你，還可能咬得你體無完膚。

　　反之，牠向你大聲吼叫時，你敢於用氣勢壓倒牠，不懼怕牠，那牠不僅不會朝著你吼叫，反而會服於你而逃走。

　　你越是懼怕挫折，它越是威嚇你，你也就越受到它的威脅；你越是不懼怕它，它就對你越順從。讓所有的挫折對你屈服，你才算真正成熟了。

抒壓小撇步

感謝那些考驗

　　「我都已經這麼用心了，竟還被說做得不夠好……」回想一下自己是否有不夠完善的地方，還是哪裡不夠盡力，或者是真的這麼倒楣，遇到特別龜毛的上司。別難過，或許他就是上天派來考驗你的，你更要把握住這樣的機會，去瞭解對方認為我們應該要改進的地方在哪裡，讓自己更上一層樓。

6-2　年輕多受苦，
　　　　年老能享福

我們若已接受最壞的，就再沒有什麼損失。

——美國人際關係學大師　戴爾・卡內基（Dale Carnegie）

　　年輕時多些磨練，為人生打好基礎，年老時才會過得幸福、安穩。挫折是塊磨石，把強者磨得更加堅強，把弱者磨得更加脆弱。對年輕人來說，挫折更是一筆天上掉下來的財富，只有勇敢地迎接它，接受他的磨練，才能變得更堅強、更成熟。

　　許多年輕人的失敗都可歸咎於缺乏百折不撓、永不放棄的戰鬥精神。年輕人把挫折當成痛苦，逃避它、恐懼它，那就永遠沒有承受挫折的能力，如同溫室裡的花朵，經不起任何風吹雨打，只有拿出百折不撓、永不放棄的精神，受傷了同樣勇往直前，才能為你的成長注入力量。

　　有個女孩在澎湖出生之後，就被父母送給別人領養。十五歲時，好賭成性的養父決定把她賣掉，於是，這女孩偷偷離開養父母，隻身到了台北，因為她想著：「為什麼自己的命運要掌握在別人手裡？」

　　這個女孩到台北之後，到處打零工、替人織毛衣、擺水果攤、賣魚、開小吃店……拚命地賺錢，卻也被倒了很多錢。如今，她已是

五十多歲的婦人了，但她同時也是一家保險公司「年薪千萬」的超級業務員。

婦人常對失意的人說：「我的挫折感，早在年輕的時候都用光了。」是的，她沒什麼學歷，她曾一無所有、還差點「被賣掉」，她不敢奢望不屬於她的東西，只是腳踏實地、積極樂觀地工作，也從不害怕跌倒和失敗，因為——「挫折感早在年輕時用光了」，現在她已經對挫折「免疫」了。

古語有云：「天將降大任於斯人也，必先苦其心志，勞其筋骨，餓其體膚，空乏其身，行拂亂其所為，增益其所不能。」任何困難都是在儲備你的能量，正視挫折，人生才會更精彩。

 找回好情緒tips

😊忍耐，需要學習

俗話說：「忍字頭上一把刀」，這把刀讓你痛，也能讓你痛定思痛。

忍耐的過程是痛苦的，但卻充滿價值和意義，如果我們能夠忍耐人生中的痛楚，就能擁有堅強的意志和波瀾不驚的處事態度。

忍耐不是懦弱，不是逆來順受，更不是消極頹廢，而是一種智慧。有的人能夠忍耐生活上的挫折，卻不能容忍事業陷入困境；有的人可以忍受工作上的挫折，卻無法面對生活的低谷，那麼他們總有消沉低落的時候，只有在所有的挫折和不幸面前學會忍耐與堅持，才不會被現實左右情緒。

蘇軾曾在《留侯論》中寫道：「國之所謂豪傑之士者，必有過人之節，人情有所不能忍者。匹夫見辱，拔劍而起，挺身而鬥，此不足為勇也。天下有大勇者，雖然臨之而不驚，無故加之而不怒，此其有所挾持者甚大，而其志甚遠也。」

　　忍得起才贏得起，看到挫折就後退，遭遇不幸就恐懼不安，不僅會把自己帶入負面情緒的泥沼，而且也很難得到成長。把不安轉化為動力，在忍耐中勇往直前，朝著既定的目標前進，那些挫折才能在我們身上發揮積極力量。

學會感激

　　有些人之所以能在挫折中變得越來越堅不可摧，是因為他們並沒有將挫折看成磨難，而是將其看成一種幸福，對其抱有感恩之心。

　　但凡有所成就的人，都曾跋涉過異常艱辛的坎坷之路，承受過常人難以想像的困難，他們也因此能走上人生的制高點。人生之路，本非一路坦途，要明白，上帝在為你關上一扇門時，一定也會為你開啟另一扇窗。

　　你可以想想：「我的手指還能活動，我的大腦還能思考，我有終生追求的理想，有我愛和愛我的親人和朋友，對了，我還有一顆感恩的心……」

　　說這些話的人是英國的著名物理學家史蒂芬‧霍金（Stephen Hawking）。在一次學術報告上，有人滿臉悲憫地問及這位在輪椅上生活了三十多年的科學巨匠：「霍金先生，肌肉萎縮性側索硬化症，已將您永遠固定在輪椅上了，您不認為命運讓您失去的太多了嗎？」霍金先生帶著恬靜的微笑，用還能活動的手指，艱難地叩擊鍵盤，寫下了上述那段文字。

生活給予霍金的苦難太多了，但他樂觀頑強地與生活戰鬥，而支撐著他去努力開拓自己人生道路的，就是「愛」與「感恩」。

我們可以想像，一張普通的輪椅，一個乾瘦的中年身障人士，在強烈的燈光下，在空洞的大講臺上，充滿感恩地聊太空、談時間、論爆炸、黑洞……這又是怎樣的畫面？你又如何看待呢？

感恩，就是不抱怨、不悲觀，即使面臨人生最痛苦的折磨，也能勇敢面對。挫折、磨難，將樹的生命之根深深地扎向大地，也能讓人注入足以面對人間厄運的信念和力量。

抒壓小撇步

學會享受過程

現在是結果導向的社會，人們總是更看重最終的結果，而不問其中的過程，但「過程」往往會比「目標」更值得讓人享受在其中。當你去享受各種事情的過程，無論好壞，都能讓你感受到樂趣，而不是只注意到目標，一味地感到痛苦。例如，做菜可以是一件充滿樂趣的事情，但如果我們總認為是為了讓家人填飽肚子才不得不做菜，自然就會覺得這是件麻煩的苦差事了。

沒有絕望的處境，只有對處境絕望的人

6-3

世界上沒有絕望的處境，只有對處境絕望的人。

——美國海軍五星上將 小威廉・哈爾西（William Frederick Halsey）

是的，世上從來沒有絕望的處境，有句話說：「時間本來沒有路，走的人多了，便也成了路」，就算真的無路可走之時，我們還可以創造路。

只要你不絕望，就沒有誰能讓你絕望，只要你不悲傷，就沒有誰能讓你悲傷。

有個男孩，從小出生在德國一個貧民家庭，因為是早產兒，所以他從小身體虛弱。四歲時，他染上天花和猩紅熱，經過治療，雖然保住了性命，然而身體卻受到嚴重的傷害。他一隻手成了殘疾，視力也變得十分衰弱，然而就算這樣，他還是沒有放棄學習的機會，他一邊幫忙家裡，一邊努力學習，成績一直都是名列前茅。

皇天不負有心人，在他十六歲時，他順利考進大學，然而不幸卻再次降臨在他身上，他的母親被指控有巫術罪而入獄，父親也因病去世。

一連串的變故讓這個家庭再度陷入絕境，但這個男孩不僅沒有放

172

The Lesson for emotional management that
I wish I Had Been Taught.

棄學業，反而更加努力地投入學習之中。憑著頑強的精神，他取得天文學碩士學位，成為一名天文工作者，雖然視力有限，但對於天文的研究卻從沒有停止或放棄。

在他三十三歲時，發現了蛇夫座附近的一顆新星，最亮時比木星還亮，於是他對這顆新星進行長達十七個月的觀測和研究，最終獲得天文界的肯定，人們以他的名字命名了那顆新星，而在他三十六歲時，又觀測到著名的哈雷彗星。

他就是世界著名的天文學家約翰內斯‧克卜勒（Johannes Kepler）。

有個成語叫絕處逢生，在每個看似絕望的處境，都有逃脫的辦法，若你不為現實的殘酷所屈服，現實就永遠不會讓你絕望。俗話說：「人挪活，樹挪死。」當你覺得處境艱難，甚至無處可走時，只要稍微動一下，你的處境就能發生轉變。

如何才能多動這一步呢？你可以從以下幾個方面來做：

 找回好情緒*tips*

替自己換個環境

三十六計走為上策，當你覺得自己前方無路時，就馬上掉轉方向，走另外一條路吧！重新開始，另起爐灶，這是擺脫困境最直接、最快速的方法，不論這個決定是否正確，但至少你能馬上得到轉變。

但這種方法需要慎用，除非到了萬不得已、覆水難收的地步，倘若你遇到困難就打退堂鼓，另謀生路，那就是盲目，結果會讓你費力無功，始終無法擺脫重蹈覆轍的命運。

退一步，海闊天空

有詩說：「雪壓枝頭低，雖低不著泥；一朝紅日出，依舊與天齊。」暫時後退、屈服，不一定就代表懦弱，屈中求伸，有時反而能使你迅速擺脫困境。但要做到這點很難，因為人們多半難以忍受委屈而選擇固執的堅守，結果委屈一生。

如果可能，以退為進，將無處訴說的情緒轉化成力量，在機會來臨之時奮力反擊，你也許就能一躍而起，跳過龍門。

想想比你差的人

為什麼很多人都將自己的困境描述為絕境呢？那是因為人們常常用自己過去的順境或身邊過得不錯的人做對比，那又為什麼不和比自己處境還差的人比較一下呢？

有一句打油詩這樣寫道：「別人騎馬我騎驢，前面走的坐轎的，回頭再看山腳下，還有步行挑擔的。」世上還有處境比你更艱難的人，很多住在深山裡的人一生都沒有走出那座山過，但一樣很快樂。人的適應能力是驚人的，只有你先接受它，才有可能改變它。

放手一搏，柳暗花明

有一個樵夫，一天上山砍柴時，不小心跌下了懸崖，情況危急之時，他的手抓住半山腰處橫長的一根樹幹，才幸運地沒有掉下懸崖。然而懸崖陡峭光禿，他抓在半空中，爬也爬不上去，而下面就是懸崖，樵夫不知如何是好，急得滿頭大汗，這時，恰巧一位老僧路過，便指點他道：「放，放。」

很多人會想：為什麼要放手呢？那不是白白送命嗎？其實仔細想一想，樵夫吊在半空中，也無法爬上懸崖，最後的結果無疑是樵夫力氣用盡之後，無力握住樹幹而掉落，或者是樹幹

斷裂，之後也同樣是掉下懸崖的命運。換個角度想，如果順勢滑下去，或許會喪命，但也可能有幸活下來。

　　如果還有另一棵樹，或許也有機會抓到石頭，就可以緩衝一下，樵夫還有生機，雖然不能完全排除死亡的結果，但畢竟還有一線生機的希望存在，為何不去試一下呢？與其坐以待斃，不如主動出擊。

　　如果眼前的處境已經到了進退兩難的絕境，但又沒有其他出路可走，那麼不如賭一把，也許你的生活就能撥雲見日，雨過天晴。

抒壓小撇步

尋求協助

　　工作、生活，總是難免會有一些困難和挫折，你先掌握住自己可以控制的因素，例如：加強專業能力、學習相關知識，再善用他人可以幫忙你的，如：朋友的支持、上司的指導等，相信如此便可以幫助你解決困難、突破自己。有時，不恥下問能替你打開另一扇窗，千萬別不好意思了。

6-4 現在就增強你的「抗挫力」

超越自然的奇蹟，多是在對逆境的征服當中出現的。

——英國哲學家　法蘭西斯·培根（Francis Bacon）

人生大部分時候都是在吃苦，經歷各種挫折，而非享樂。

俗話說：「人沒有吃不了的苦，只有享不了的福。」很多人都盼望著自己能過上不工作就能衣食無憂的神仙生活，一生不遭受任何挫折就能安享天年。但若果真如此，那一生便也虛度了，這比遭受挫折來得更可怕。

所以人生在世不要害怕挫折，更不要因為挫折而抱怨不斷，只有靜下心來與它奮戰一番，才能強化自己的「抗挫力」。

有這樣一個故事：

一位剛即位不久的國王，想要讀遍人類所有的歷史，於是他召集全國最優秀的學者，讓他們編寫一部完整的史書。在國王四十歲那年，書終於完成了，但這部史書實在太重了，需要五十匹駱駝來運。

國王覺得這樣讀起來太費時間了，就要學者們濃縮書裡的精華內容，於是內容一刪再刪，在國王七十歲的時候，書稿終於交到國王手中。

The Lesson for emotional management that
I wish I Had Been Taught.

176

他滿懷期待地打開書稿，一看，上面只寫著六個字：「出生，受苦，死亡」。

人生這場博弈是輸是贏，就看你的抗挫力如何了。若面對挫折時手無縛雞之力，完全被挫折左右情緒，那麼你就被打倒了，將情緒轉化為動力，能抗衡並打倒挫折，你就成功了。

增強你的「抗挫力」，學會轉化不良情緒，讓挫折甘拜下風，你才能掌控人生，留住快樂。

找回好情緒tips

😊讓自己多吃點苦

一個人多經歷些挫折，多吃些苦，就會變得更加堅不可摧。人生沒有永遠的低潮，吃苦恰好就是一個累積結果的過程，為什麼這麼說呢？因為當你吃苦吃到感覺不出苦時，甜自然就會來了。

「灣仔碼頭」創始人臧建和，在與丈夫離婚之後，獨自撫養兩個女兒，她舉目無親，沒有工作、沒有住處，只能在路邊找一些臨時工來做，住在條件簡陋的房子裡。在飯店打工受了傷卻被老闆無故辭退，既沒有拿到工錢也沒有得到賠償，最後臧建和不得不告上法院，試圖討回自己應得的工資。

但是當法院判飯店賠償她的精神損失費時，她卻拒絕了，後來當地機構要給她生活補助，她也拒絕了，她用撿來的木板釘成小推車，帶著自己做的水餃到灣仔碼頭叫賣，辛苦地賺取生活費，很多人不懂：「這樣為難自己做什麼呢？」她只回

說：「我的孩子們還小，我不能讓他們看到不付出辛苦就得到回報。」當然臧建和的決定帶來的益處並非只有如此，後來她的兩個女兒不僅成績優異，雙雙出國留學，她的事業也因為她甘於經歷挫折而開始走向順逐。她從碼頭叫賣到工作坊，再到大型生產加工廠，之後乃至世界各地開設分公司。

其實很多人不知道，在經營的過程中臧建和仍舊遇到很多挫折，那又是什麼使她安然度過難關？答案就是她早年練就的抗挫力。

不要在生活中刻意躲避挫折，它正是你的人生財富，正因為經歷過挫折，你才得以更堅強，擁有抵抗更多挫折的力量，多讓自己吃點苦，你才能在人生中走得更平坦、更自得。

用積極的態度迎接挫折

挫折誰也不想遇到，挨一刀的滋味不好受，但是人生常有不平坦。不積極面對挫折，加以打敗它，挫折就會像山一樣越堆越高，使你無法翻身。在挫折面前保持積極的態度，你會發現挫折並沒有那麼難以跨越，只要你勇於接受、敢於解決、付諸行動，挫折都會為你讓路。

法國作家巴爾扎克（Honoré de Balzac）說：「挫折和不幸是天才的晉升階梯、信徒的洗禮之水、能人的無價之寶、弱者的無底深淵。」

不要為了生活中的挫折而抑鬱悲傷，鼓足勇氣與它作戰吧，你將在挫折中更堅強，獲得嶄新的力量。

在挫折中找失敗的原因

美國政治家班傑明·富蘭克林（Benjamin Franklin）說：「一個人失敗的最大原因，就是無法信任自己的能力，甚至認

為自己必將失敗。」而這種不自信無疑是「抗挫力」差的表現之一。

　　在壓力巨大、競爭激烈的時代背景下，如果不在自己身上積極尋找原因，而是將矛頭指向外界和所謂的「不公平」，那就很容易引發情緒問題，甚至無法正常生活。

　　近年來名校學生跳樓事件頻發，而企業中也接二連三地出現員工自殺、猝死事件，這無疑給我們敲響了警鐘。

　　社會壓力大固然是現實，但這並不能成為我們脆弱的理由，多從自己身上找原因，想想怎麼做得更好，更要樂觀面對，將挫折和壓力當成一種機會，而不是只知道抱怨現實。

　　不斷增強「抗挫力」以適應不斷改變的社會，如此，你才能成為永遠的勝利者。

抒壓小撇步

改變生活習慣

　　好的生活習慣，可以適當地減輕各種難以負荷的壓力。例如，把家裡和工作環境都打掃整理一番，乾淨的環境讓人神清氣爽，有種一切都做好準備的感受，也能減少找不到東西的時間浪費。每天早半小時起床，讓自己有更充裕的時間享受早餐。事情很多，但我們一次專心處理一件事，或每天做一兩件會讓自己開心的事，並試著改變一下「陋習」，心情就能更美麗。

6-5 面對挫折，不妨調整心理狀態

失敗也是我需要的，它和成功對我一樣有價值，只有在我知道一切做不好的方法以後，我才能知道做好一件工作的方法是什麼。

——美國發明家　愛迪生（Thomas Alva Edison）

人生在世，遭遇挫折並非偶然，因為挫折原本就是人生的一部分，在跌跌撞撞中奪得人生的勝利，比一帆風順更接近生活的本質。

遭遇挫折本就是人生的常態，是人生的必經之路，但面對挫折，還是有不少人表現出避之唯恐不及的樣子，其實躲也躲不開，不如正面迎擊，跨越挫折的最好方法除了堅持、隱忍和永不放棄之外，還有你心念的轉變，需要你能用一種正確的態度去看待和認識它。

筆者曾看過一篇文章，作者提到他只有高中學歷，無一技之長，從軍中退伍後只能到一家印刷廠擔任「送貨員」。

一天，他準備將一整車四、五十捆的書，送到某大學的七樓辦公室。當他先把兩三捆的書扛到電梯口等候，一位五十多歲的警衛走過來，對他說：「這電梯是給教授、老師搭乘的，其他人一律不准搭，你必須走樓梯！」

他向警衛解釋：「我不是學生，我是要送一整車的書到七樓辦公

室，這是你們學校訂的書啊！」但警衛還是公事公辦地說：「不行就是不行，你不是教授，不是老師，不准搭電梯！」

兩個人在電梯口吵了半天，但警衛依然不予放行，他心想，要搬完這一車的書，至少要來回走七層樓梯二十多趟，會累死人的！他無法忍受這「無理的刁難」，於是心一橫，將四、五十捆書搬到大廳角落，頭也不回地走人。

後來，年輕人向老闆解釋事情原委，也獲得了諒解，但他卻向老闆辭職，到書局買整套高中教材和參考書，含淚發誓，一定要奮發圖強，考上大學，他絕不再讓別人「瞧不起」。

這年輕人在聯考前半年，每天閉門苦讀十四個小時，因為他知道，他的時間不多了，他已無退路可走，每當他偷懶、懈怠的時候，腦中就想起「警衛不准他搭電梯」，想到自己被羞辱、歧視的那一幕，便能立即打起精神，更努力用功。後來如願考上大學。

如今，二十多年過去了，他也變成一家開業診所的醫生，他時常在想，當時要不是「警衛無理的刁難和歧視」，他怎能從屈辱當中擦乾眼淚、再站起來？而那位被他痛恨的警衛，不也是他一生的貴人嗎？

⋯⋯⋯⋯⋯⋯⋯⋯⋯⋯⋯⋯⋯⋯⋯⋯⋯⋯⋯⋯⋯⋯⋯⋯⋯⋯⋯⋯⋯⋯⋯

以積極的心態面對挫折，自我疏導，遠比你硬著頭皮、咬著牙堅持更有效，因為你從內心轉變對挫折的看法，消除對它的恐懼和不安，你的情緒就不會因遭遇挫折而受影響，有更多的精力和信心戰勝挫折，更快獲得成功。

因此面對挫折時，我們不妨先讓自己平靜下來，重拾進取力量，之後再去考慮如何解決，這樣你才能事半功倍。那麼，這個心理狀態如何調整呢？我們可以分以下五個步驟進行：

找回好情緒 *tips*

☺ 先讓自己放輕鬆

這就如同運動前的準備階段，如果你盲目行事，極有可能傷了筋骨。眼前的挫折或許讓你感覺很糟糕，你變得緊張不安，甚至恐懼，想要逃避，但既然發生了，那就接受它，只有接受它，你才可能改變它。

有些人之所以在挫折面前倒下，是他們自己先把自己嚇到了，他們想像挫折將帶來一連串的問題，一切都如此棘手，甚至到了無法應對的地步。

但現實真的如此嗎？這一切都不過是想像罷了。

因此你切不可為沒有發生的事情擔心受怕，先讓自己放鬆下來，才能冷靜地思考問題，更快找到解決問題的辦法。

☺ 及時總結經驗

挫折帶給我們的不僅僅是傷痛，對我們更有價值的，是挫折帶來了什麼。每一次的挫折對我們來說都是一次機會，它提醒我們不應該在同一個地方摔兩次跤，正是它讓我們獲得經驗，知道水深水淺，知道下一步該怎麼走。

經歷挫折之後，關鍵不在於療傷，如果你好了傷疤忘了痛，那你就會在同一個地方跌倒無數次，所以在挫折中總結教訓非常重要。想想：自己因為哪些原因才遭遇了這次的挫折？如何避免自己在這件事上再栽跟頭？久而久之，你會變得越來越無堅不摧。

☺讓自己充滿力量

背著承重的沙袋運動，你一定會覺得壓力很大，它會迅速耗盡你的力氣，讓你疲憊不堪，只有你輕裝上陣，精力充沛，運動才是一種快樂。

同樣要解決挫折，你必須要讓自己充滿熱情和力量，沒有什麼比背負巨大的精神壓力更能消磨一個人的意志和健康。如果你現在被壓力壓下了，那麼應對挫折就會變成一個十分艱難，又效果甚微的工作。

☺以最快的速度去做下一件事

擺脫一種情緒的最好方法不是苦口婆心的勸說，也不是細緻入微的心理療傷法，而是「行動」。迅速投入到另一件事情當中，能讓你從沮喪中快速走出來，只要讓下一件事佔據你的大腦，就能立即產生效用。

☺重視時間的運用

再大的傷痛都會隨著時間的流逝漸漸癒合，時間是撫平傷痛最好的解藥。如果你受到的挫折大到無法去改變它，那就讓時間來慢慢淡化傷痛，唯有如此，你才能卸下肩上的重擔，繼續向前。

坦途在前，人又何必因為一點小障礙而不走路呢？

——中國現代作家　魯迅

　　失敗的經歷常常讓我們感到痛苦、難熬，然而正是在這種心智的歷練之中，我們不斷地挖掘出自身潛能。痛苦的失敗，是走向更高位置的開始。許多人之所以能夠成功，大多受恩於他們的屢敗屢戰。

　　有一隻捕鼠水準一流的貓，是有名的貓中之王。

　　然而牠在年老時卻向朋友訴苦：「也不知道為什麼，我這個捕鼠能力一流的老貓，生的孩子卻一點也不爭氣，從牠們小時候開始，我就傳授給牠們各種捕老鼠的技巧，長大後帶著牠們練習。我把畢生的經驗都傾囊相授了，但牠們的捕鼠水準卻還是不如那些笨貓的孩子！唉……真是煞費我一片苦心啊！」

　　一個路人聽到了，便上前問牠：「你總是一步一步地教牠們嗎？」

　　老貓回答道：「是啊，為了讓牠們學有所成，我都是一步一步地教牠們最有效的方法，告訴牠們我的經驗。」

　　路人說：「那就是你的錯了。你只是一味地教給牠們經驗，從來

沒有讓牠們去吸取教訓，牠們又怎麼能成功呢？對牠們來說，在失敗中學習才能最快理解經驗啊！」

失敗蘊含著寶貴的經驗和方法，如果你不能從中總結出有用的教訓，那失敗至多也就是一道傷疤，再無其他價值。在失敗後善於學到教訓，比一味地追求成功更重要。

面對失敗，我們要正視它的作用和價值，領悟失敗的真正意義，既不文過飾非，也不委過於人，更不因此垂頭喪氣、一蹶不振。只有從中總結原因，看到有益於自己的東西，才能化失敗為成功，化逆境為順境。

那在失敗過後，我們要怎麼才能學到教訓呢？

 找回好情緒 *tips*

😊 認清失敗的本質

想要從失敗中認識到問題，首先就要讀懂失敗的本質，瞭解失敗的內涵。任何失敗都是暫時的挫折，不能決定我們的未來，更不能決定我們的一生，它只是作為「老師」出現在我們人生中的不同階段，提供我們寶貴的人生經驗。

經歷了現實的一次次警告，我們才得以不斷進步，可以說，失敗是造就成功的原動力，我們應該把失敗看作成功之路上的寶貴指標，正視失敗的意義，這樣我們才能進步。

😊 務必吸取教訓才有價值

在經歷失敗之後，我們懂得在失敗後反省自己，從失敗中

吸取教訓，汲取寶貴的經驗，並將它們運用到日後的生活上。任何失敗都蘊藏著寶貴的人生經驗，然而並不是每一個人都善於汲取失敗中的精華，也有些人失敗多次，卻仍然一無所獲。

成功的人之所以成功，就在於他們勇於面對失敗，檢討失敗，從中吸取對自己有用的教訓。在失敗來臨時，我們要善於發現失敗的精髓，不斷累積人生經驗，為邁向成功提供直接的動力。

☺警惕自己的弱點

一個人遭遇失敗，大多是其弱點所導致的，若你對於存在的弱點不加以理會，就容易遭受失敗。我們要認清自己，認真分析自己的個性，找出自己的弱點，適時地加以克服。

英國史上著名的海軍上將，被譽為「英國皇家海軍之魂」的納爾遜伯爵（Horatio Nelson），曾經率領英國艦隊戰勝拿破崙的艦隊，但很多人都不知道，納爾遜伯爵以前其實有著暈船的毛病，對一個海軍來說，暈船是一大致命傷。

因為暈船的老毛病，納爾遜總是無法勝任一般海軍的工作，所以他下定決心要改掉這個弱點。後來，他不斷自我訓練，終於克服了暈船的毛病，最後還成了英國人心中的英雄。

我們克服自身弱點的過程，就如同一場自己與自己的戰役，而這場戰役的結果，往往能讓我們發揮更大的潛力。因此，一旦發現自身弱點，我們便應該努力克服它，逐步完善自我，以增加成功的機會才是。

☺勇於嘗試新事物

美國知名心理學家與作家麥斯威爾‧馬爾茲（Maxwell Maltz）說：「過去失敗過多少次無關緊要，重要的是記取、強

化和專注成功的嘗試。」在新事物中，往往蘊藏著更多的奧秘，勇於挑戰新事物，常能使我們提早獲得更為寶貴的人生經驗。儘管新事物有時會存在一些風險和失敗，然而正是失敗的經驗，使得我們不斷地完善自己。

　　世界上偉大的人，大多是在不斷嘗試新事物中獲得突破的，勇於嘗試新事物，便預示著我們能獲得更多的人生經驗，也能有更多的機會和途徑達到成功。

抒壓小撇步

按摩放鬆法

　　或許你最近讓自己繃得太緊，始終無法輕鬆下來，甚至連笑的時候都會出現「皮笑肉不笑」的表情。這種時候，就該替自己找個按摩師傅了。偶爾讓自己好好享受、放鬆一下吧！放鬆，不是外在的假裝，而是需要你由內而外的舒暢身心，如此，也才能讓你的努力與活力更長、更久。

Ten Lessons for emotional management that I wish I Had Been Taught

Lesson 7

change

打開心結

——別讓自卑否定你。

「比較」，是一種壞習慣；「自卑」，更是一種不健康的心理狀態。若你總是拿別人長處來比自己的短處，過度地否定自己，抬高別人，便會影響你對自己的客觀評價，讓自己不開心。想保持快樂的心情，就要學會接納自己，無論好壞，只要你能將缺點轉變為特色，並肯定自己優點，那麼你就已經成功了一半。

7-1 自卑？為你的形象加分

不論你完成多麼優秀的工作，如果不會表達，無法讓更多的人去理解和分享，那就幾乎等於白做。

——Google前副總裁 李開復

讓自己更有自信，一個人如果不積極表現自己，即便你是金子，被淘上來後煉金者也有可能把你忽略了。

一味地被動等待，結果大多不盡人意，你自己的價值只有你最清楚，若想發光不能單靠煉金者，要靠自己建立鮮明而獨特的「個人品牌」，讓你的個人價值得到認同，才能說服別人，使自己更有發展性。

對有自卑情結的人來說，建立個人品牌和影響力似乎更加困難，因為要做好這一點需要長期的堅持，以及厚臉皮的自我推銷，而自卑者常常對此望而卻步，正是這個障礙使他們沒有足夠的勇氣展示自己。

如果你不能打破心中的牆，就永遠無法把自己推銷出去，更不用說建立個人品牌了。

那麼又該如何建立起你的個人品牌，讓自己更具影響力呢？你需

要做到以下幾點：

（一）找到自己的定位：什麼是你的優勢，什麼是你的傲人資本，找到可以發揮天賦的領域和空間，給自己正確定位，你的個人品牌才會更快建立起來。

（二）根據發展步調累積知識：知識就是力量，具有知識力才有說服力，這就如同品質優良的產品更容易建立品牌一樣。

（三）保持良好的個人形象：好馬配好鞍，賞心悅目的包裝能幫助你吸引更多注意力，同時保持微笑，讓它成為你的標誌，更有助於個人品牌的建立。

（四）找對方向拓展人脈：人脈就是命脈，積極參加業內人士舉辦的各種聚會，交流感想，在此一領域持續活躍，維持你的能見度，會讓更多人記住你。

（五）善於傾聽：你的真誠傾聽會讓對方感覺到你關心他的感受，你將因此贏得更多信任。

（六）給予激勵：激勵對方能傳達你的堅定信念，讓對方覺得你是個值得記住和深入交往的人。

（七）讓自己更幽默：幽默能讓你成為人群當中最受人矚目的對象，倍增你的影響力。

（八）誠信待人：周密的雄辯和激昂的陳詞，都不如真誠能打動人心。你以誠待人，別人才會以誠相報，你才能得到更多人的關注和認同。

....

其實，有自卑情結的人擁有更多優秀的本質，正是這種過於謙卑的心態，使其累積了更多有價值的財富，如果自卑的人能勇敢地展示自己，那必將使個人成長帶來巨大的轉變和幫助，信心不足的人更應

該勇敢地將自己推銷出去。

　　Google前副總裁李開復也提醒人們：「想要在現代企業獲得成功，就要抓住機會展現自己。在上司或同事面前要善於表現自己的優點，有了研究成果或技術創新，透過各種途徑與人分享，只有善於展示自己的人，才能在工作中獲得真正的機會。」

　　自卑者羞於自我推銷的原因在於脆弱的心靈，一旦自己的表現遭到否定，他們的信心就會轟然崩塌。你可以試著這麼想：

找回好情緒tips

不輕易被他人言語左右

　　曾任美國總統的雷根（Ronald Wilson Reagan）在競選州長和總統時，曾被一些人認為他在演戲，一切都是為了獲得頭銜和權力，只是在博得人們的好感罷了。

　　但這種言論並沒有打擊到雷根，相反地，他更大方地表現放鬆、自在、自信的自己，他的演說風格高明、幽默且極具說服力，最後打敗了兩個智商比他高，但處事卻遠不如他聰明的競爭對手。

　　如果雷根不積極推銷自己，讓公眾接受瞭解、認同自己，也就不會被媒體譽為「偉大的溝通者」。建立個人品牌的第一步就是要先將自己推銷出去，而推銷的前提就是：「你要先具備一顆打不垮、摧不毀的堅韌心靈」。

　　流言、中傷就像黃蜂，你越是回頭看它，你就越是遭殃，想把自己推銷出去，就要有頂得住流言和毀謗的自信，這就如同推銷產品，不可能每個人都說你的產品好，如果聽到別人說

192

The Lesson for emotional management that
I wish I Had Been Taught.

你的產品不佳就不去推銷了，那你不僅賣不出產品，更給自己累積一肚子悶氣。

列舉優勢，經常提醒自己

每個人都有優勢，你認為自己很普通，甚至不值得表現，這是因為你多數時候都在自我否定，很少客觀地看待自己。試著認真地審視一下自己，找出那些深藏不露的優勢，並將它們視為勵志標語，每天想一遍。

學習那些成功推銷自己的人

你身邊一定有一些很會推銷自己的人，他們的心態很值得你學習，每個人都有自我推銷的權力，你想表現，也沒人限制你，世界會為你開路。所以不要擔心什麼，竭盡全力地展現自己就對了。

此外，當你聽到別人否定你時，不洩氣、不退卻、不要被情緒左右，反而要更積極地讓別人認識你、瞭解你，試圖去扭轉對方對你的負面印象，進而認同你。這代表你已經打開了心結，拾起了你原有的自信，接下來若能進一步建立起個人品牌，讓別人記住你，並擴大自己的影響力，讓別人讚美你，信任你，那你的自信資本將變得更為雄厚，對你的人生更有益。

7-2 更快樂，學會找出自身優點

世界上並不缺少美，只是缺少發現美的眼睛。

——法國雕塑家 羅丹（Augeuste Rodin）

再平凡的地方也有美的存在，即便是在醜陋中，也同樣能發現美。在悲觀者的眼中，往往只看到自己的不足，將其視為自卑產生的根源，殊不知並不是缺點造就了自卑，而是因為沒有一雙正確看待自己的眼睛。

有位農夫每天都在自卑當中度過，因為他認為自己註定一輩子當農夫，讓別人看不起，經常抱怨命運對自己不公平，整天處在憂鬱當中。

一個炎熱的午後，他彎著腰在田裡清理雜草，熾熱的太陽照射著大地，農夫熱得大汗淋漓，一邊清理一邊抱怨起來：「可惡的雜草，如果沒有你，我該有多輕鬆！」

他的話被身旁一棵小草聽到了，於是小草說：「是嗎？可是我認為我們自己有很多用處。土地乾涸時，我們能阻擋強風席捲沙土；下雨時，我們能保護泥土不被沖走，沒有我們，你田裡的泥土就會被沖走，還會讓你的田布滿沙土，你田裡的菜怎麼能長得這麼好呢？更何

況你將我們拔起的時候，正是在用我們的根耕耘土地呢！」

聽到小草的回答，農夫一下子意識到……一棵小草並沒有因為自己渺小而感到自卑，為什麼自己卻自卑於自己的身分呢？正因為我是農夫，所以才可以耕作土地，生產糧食，給人們提供生存的必需品，我對社會的奉獻是多麼重要啊！想到這裡，他抬起了頭，對著天空露出了微笑。

⋯⋯⋯⋯⋯⋯⋯⋯⋯⋯⋯⋯⋯⋯⋯⋯⋯⋯⋯⋯⋯⋯⋯⋯⋯⋯⋯⋯⋯⋯⋯

缺陷的背後總是藏著一些令人驚奇的優點，即便你有無數缺點，也不會一無是處。何況對我們來說，真正的缺點其實屈指可數，所以我們更不必為了它們而覺得自卑。你越是重視那些不足，就越會感到情緒低落、認為自己不如別人。

睜大眼睛找出那些你所忽略的優點，讓它們成為你大腦的主旋律，找到自己的價值和作用，你將擺脫自卑，與自信和快樂共處！那麼你應該怎麼做呢？

 找回好情緒tips

😊 學會自我肯定

自卑往往是由於人們缺乏自我肯定，習慣找尋並放大自己的缺點，並為掩飾所謂的「缺陷」而做各種努力，但卻對那些優點視而不見。若自己無法客觀地認識自己，又怎麼可能找到自己的優點呢？

要找到優點，就要從肯定自我開始。既然上帝給了你缺點，那麼也一定給了你其他驚人的優點，為什麼你總要盯住缺點，不看看那些優點呢？

☺脫離你的主觀比較

有些人常常很難看見自己身上的優點，可是一旦眼光落到別人身上，就總能發現對方的優點。

且有自卑傾向的人更容易在別人身上發現優點，認為自己不如別人。實際上，並不是別人的優點他們沒有，他們可能還比其他人更好，只是因為一開始就認定自己不如別人，因而在自己的世界裡形成極為主觀的錯誤觀點。

其實我們只要脫離強烈的主觀意識，對別人和自己的優點進行客觀比較，就會發現自己並不是沒有優點，而且這優點說不定還比別人好。

☺學會自我讚美

成功學家拿破崙・希爾（Napoleon Hill）說：「自我欣賞或自我讚美，其本質正是對自我成功一種最直接的暗示。如果一個奮鬥者不斷地告訴自己：我是最優秀的，我一定會成功！那麼他就會猶如神助一般，必將取得成功。」

對自我的讚美，如同一顆灑落在我們心靈深處的種子，隨著自信與力量不斷地生長，我們的生命會更加蓬勃，充滿朝氣，疾病自然也會遠離我們。

我們總是不斷地想要追求更好、更完美，卻忽略了自身所擁有的某些特質，而這種心理，也常常導致我們看不見自己的優點。

著名的兒童心理學家李・索爾克（les Salk）博士，在提到母親時常常充滿感激，因為母親看待生活的態度，培養了他樂觀向上的心態，索爾克的母親經歷過很多不幸，為了躲避哥薩克人的騷擾不得不背井離鄉，睡過草地也躲過水溝，最後擠在

輪船底艙逃到美國而保全了生命。

　　索爾克曾這樣寫道：「在我母親結婚生子後……她每天仍然必須為了果腹而奔波……但母親總要我們多想『我們有什麼』，而不要想『我們缺什麼』。她說美無處不在，即使在最簡樸的生活裡也不例外，在逆境中更能培養對『美』的欣賞力。」

　　對於我們自身所擁有、與生俱來的一切，都可以發現美的存在，例如你沒有嫵媚的雙眼，但是你有一對可愛的酒窩；你沒有過人的才能，但有足夠的毅力。學會看見自己的特質，並知足於自己的這些特質，且讚美自己，便能讓那些特質發揮更大的作用，使你覺得快樂，願意迎接更大的挑戰。

抒壓小撇步

不嘆氣，就有轉機

　　通常我們在遇到阻礙，覺得事情沒有希望、無力沮喪時，才會想嘆氣。對此，有種說法是人體內都有股「真氣」，真氣越足，身體越強壯，就越有能力去解決任何事情。古人說嘆氣會把真氣吐掉，吐得越多，事情越難以完成。下次想嘆氣時，試試不要馬上嘆出來，先把氣憋著，不要透過嘴巴，而是用鼻子將其緩緩吐出，你會發現事情好像沒那麼棘手了。

不拿別人長處，
比自己短處

唯有對自己卓越的才能和獨特的價值有堅定、不可動搖之確信的人，才被稱為驕傲。

──德國哲學家　叔本華（Arthur Schopenhauer）

用別人的短處比自己的長處，是自欺欺人；而拿別人的長處比自己的短處，更是愚蠢。視人之所長，視己之所短，固然能看到自己的不足，然而總是如此，時間久了就容易形成自卑心理，影響情緒。

「自謙」的形成和「自信」的建立在於對自我的正確認知。既不以自己之長嘲笑他人之短，也不要過度看重自己的短處和別人的長處，而是要以正確的態度看待自己，客觀認識自己的優勢，也客觀認同自己的缺點，坦然面對一切，這樣才能活出真正快樂的自己。

她站在臺上，不時地揮舞著她的雙手，仰著頭，脖子伸得老長，與她尖尖的下巴連成一條直線；她的嘴張著，眼睛瞇成一條線，詭譎地看著台下的學生；偶爾，她也會咿咿唔唔的，不知道在說些什麼。

她是個不能說話的人，但她的聽力極好，只要對方猜中，或是說出了她的想法，她都會樂得大叫，然後伸出右手，用兩個指頭指著你，或是拍著手，歪歪斜斜地向你走來，送你一張用她的畫作成的明

信片。

　　她就是黃美廉，一位從小就患有腦性麻痺的患者。

　　腦性麻痺不僅奪去了她肢體的平衡感，也奪走了她發聲的能力。從小，她就生活在異樣的目光當中。她的成長過程，可說是充滿了血淚，但她卻沒有讓這些外在的痛苦擊敗她。

　　相反地，她昂首面對，勇敢地迎接挑戰和挫折，最後獲得美國加州大學藝術博士學位。她用自己的雙手當畫筆，用色彩告訴人們「寰宇之力與美」，並且燦爛地「活出生命的色彩」。

　　某次演講上，全場學生都被她難以控制自如的肢體動作震懾住，這是一場感動生命的演講。

　　演講剛開始時，一名學生走上前向她提問：「請問黃博士，您從小就長這個樣子嗎？您是怎麼看您自己？難道您對命運沒有過怨恨嗎？」

　　全場瞬間沉默下來，所有人心頭一緊。一名腦性麻痺患者在大庭廣眾之下被問及這麼尷尬的問題，人們都擔心黃美廉會承受不住。

　　「我怎麼看自己？」黃美廉吃力地用粉筆在黑板上重重地寫下這幾個字。寫完這個問題，她停下筆來，歪著頭，回頭看著發問的同學，然後嫣然一笑，便回過頭在黑板上龍飛鳳舞地寫了起來：

　　一、我好可愛！

　　二、我的腿很長很美！

　　三、爸爸媽媽很愛我！

　　四、上帝很愛我！

　　五、我會畫畫！我會寫稿！

　　六、我有隻可愛的貓！

　　七、還有……

八、……

教室內鴉雀無聲，寫完這些，她回過頭來看著大家，然後又回過頭在黑板上寫下她的結論：「我只看我所有的，不看我所沒有的。」

掌聲立刻從學生群中響起來。黃美廉傾斜著身體站在講臺上，笑容從她的嘴角蕩漾開來，她的眼睛瞇得更小了，似乎有一種幸福一直從她身上散發出來。

正確看待自己的優點和缺點，不過度與他人比較，就不會因對比而放大自身缺點，還能將目光集中到自己的長處，建立起更多自信。

 找回好情緒 *tips*

☺ 學會正視自己

自卑往往源於人們總認為自己不如別人，因此就會不斷追求外在的優越，希望處處都比別人強，例如穿著打扮、月薪職等、學習成績、外貌身材等等。

然而這種外在的優越感在受到威脅的時候，內心對自我的否定只會更加強烈，從而加重自卑，形成惡性循環。

總是看到自己的缺點，看到別人的優勢，導致自己在巨大的落差面前自愧不如，逃不出這種枷鎖，就很難擺脫自卑。我們應該先正視自己，才能正確看待自身和他人的優缺點才是。

☺ 找到你的新興趣

如果正處在自己覺得自卑或劣勢的時候，你可以關心他

The Lesson for emotional management that
I wish I Had Been Taught.

人、轉移話題或者做自己喜歡的事，以尋找新的興趣，分散注意力，減少情緒對心理的影響，使內心的自卑感得以緩解。

選擇正確的比較對象

在克服自卑心理的過程中，不要急於求成，應在必要時選擇對象加以比較。與那些比自己好得太多的人比較，或者拿別人的優點和自己的弱點作比較，難免會加重自卑感。

所以，我們應選擇與自己有可比性的人作比較，學會知足，這雖然不能在根本上解決自卑的問題，但透過這種方式加強自信還是很有用的。

抒壓小撇步

聽聽內在的聲音

充電電池用久了還是要充電的，人類當然也是一樣，除了吃飯、休息、睡覺，有時候更重要的是「找個人聊聊」，整理一下這些日子以來，你的工作、生活、愛情當中的酸甜苦辣過程，讓自己更清楚現在的狀態與下一個階段的目標，以及你心裡目前的期待是什麼。聽聽自己的聲音，聽聽別人的意見，會讓你產生不同的思考方向。

擁有自信，
你便成功了一半

自信是成功的第一秘訣。

——美國文學家　愛默生（Charles Wesley Emerson）

　　世界上的人可以劃分為兩類：自信者和自卑者。自信的人總是表現得像是凱旋的將士，而自卑者則像落荒而逃的敗兵，後者輸的不僅是心態，還輸掉了「士氣」。

　　擁有足夠的「士氣」，你便成功了一半。「士氣」十足的人從來不會陷入自卑，因為他們先給自己製造了一種勝利的氣場。歷史上赫赫有名的軍事家、政治家拿破崙（Napoléon Bonaparte）就是一位信心十足、英氣逼人的軍事人物。

　　有人曾經用「打個噴嚏就會使全歐洲感冒」來形容他的驍勇善戰。這位身材矮小的法蘭西帝國締造者，馳騁歐洲戰場二十年，連各國的封建貴族都對其俯首貼耳、稱臣納貢。

　　原因是他不僅雄韜偉略、用兵如神，而且機智幽默、擅長辭令，除此之外，更在於他天生具備的那種傲氣淩人、充滿豪氣的英雄氣概。

　　自信的作用遠遠不止於此，在關鍵時刻，它表現出一種威懾力、一種實力。

一次反法同盟進攻法國，拿破崙迅速派出手下兩個屢建奇功的軍團，敵軍來勢洶洶，但軍團的士兵卻一個個士氣低落，被對方打得抱頭鼠竄、倉皇而逃。

　　戰後，全線潰敗的士兵回到陣地，看到士兵們無精打采的樣子，拿破崙久久沒有說話，就在士兵們面面相覷的時候，拿破崙忽然大喊一聲：「集合！全體士兵統統集合！」接著，拿破崙雙手抱胸在軍隊前面開始走動。很快地，他的步伐變得急促起來，皮鞋叩擊地面的聲音越來越大，垂頭喪氣的士兵們開始忐忑不安，精神也變得專注起來。

　　就這樣一段時間之後，拿破崙嚴肅而悲憤地說道：「你們不應該動搖信心！你們不應該隨隨便便丟掉自己的陣地！你們可知道，奪回那些陣地是多麼不容易，要付出多大的代價呀！」士兵們都低下頭，深深地懺悔著。

　　忽然，拿破崙怒聲喝令參謀長：「請你在這兩個軍團的旗子上寫下這樣一句話：他們不再屬於法蘭西軍隊了。」這句話如同一桶冰水，全場的士兵都清醒了。士兵們紛紛請求：「統帥，再給我們一次機會吧！我們要立功贖罪，我們要雪恥！」

　　看到戰士們精神振奮、躍躍欲試的樣子，拿破崙神采飛揚，當眾振臂高呼：「對！早該這樣了！這才像拿破崙手下的勇士，這才是戰無不勝的英雄！」於是，在接下來的戰鬥中，兩個軍團的士兵士氣十足，戰鬥力極強，戰無不勝、攻無不克。

　　拿破崙曾說：「一支軍隊的實力，四分之三是由士氣構成的。」士兵們增強士氣，便能威懾敵軍，提高軍隊的實力。對於我們個人來

說，也有著異曲同工之妙，一個人增強士氣，便能製造出一種「氣場」，無形中提升自己的實力，進而增強了自信心。

那麼我們該如何增強自己的「士氣」和自信呢？

 找回好情緒 *tips*

☺務必制定遠大的目標

如果一個人連自己要往什麼地方去都不知道，他是絕對不可能走得很遠的。

沒有燈塔導引，就容易茫然，失去鬥志。替自己制定一個可以為之終身努力的大目標，雖然施行的過程中你得劃分很多具體的小目標，但這必定會給你最明亮的指引，使你充滿鬥志，為到達最後的勝利而努力不懈。

☺與優秀的人來往

與優秀的人接觸，目的在於將他們當成學習的目標，使你不為自己目前的狀態自滿，始終勇往直前，為了實現更好的自己而努力。

多與優秀的人接觸，你就能以他們為目標，強化和提高自己的能力，彌補不足，完善自我。經常生活在這種向上的環境中，你的實力就會不斷增強，自信也會增加。

不要擔心優秀的人會給你造成壓力，拿出積極的心態和飽滿的熱情去追趕他們，甚至超越他們，最終你也會成為超越自己的人。

☺給自己勝利的感覺

人們在勝利的時刻總會露出十足自信的微笑，昂首挺胸，

如同凱旋的戰士，這是一種發自內心的高調氣勢。

這種感覺也時常表現在自信者身上，這是因為他們早已不再被現實的成功與失敗左右，也不為別人的評價所動搖，已經將這種「稱王」的霸氣移植到了自己心裡，而這種想法非常重要。

自卑者常常處在一種「我失敗了」、「我不如別人」的情緒中，無論是誰，只要這樣想都會感到自卑。

改變狀態，就是從「改變想法」開始，努力替自己製造一種勝利的感覺，並體會那種「王者」歸來的氣勢，自信就能隨之而來。

但需要注意的是，製造勝利感不是自以為是、自傲自大，這樣反而會讓自己陷入另一個極端。

☺抓住表現的機會

表現自己，首先需要你敢於與人進行交流。這是第一步，要能用雙眼真誠地注視對方，抬頭挺胸與人交談，這能讓別人注意到你的變化，從而更願意與你來往。

心理學表示，有關成功的一切都是顯眼的，試著讓自己顯眼地出現在別人面前，增加自己當眾發言的機會，在發言時學會忘記自我，不要擔心自己被別人看笑話；也可以在會議和活動時選擇前排的座位，以訓練自己的膽量。

☺給自己積極的心理暗示

在做任何事情時，都應該相信自己，給自己希望。善於自我激勵，想一想別人也曾面對困難，告訴自己別人能克服，我也一定能做到，為自己下一個堅定的決心，相信只要保持堅定的心，就一定能增強自信。

7-5 將缺點轉為特色，接納你的所有

要是因為自己的錯誤導致了失敗，我們就咒罵起命運女神來。沒有比這件事更為常見：好事歸功自己，壞事歸罪命運，有理的總是我們，錯誤的總是命運。

——法國詩人　拉封丹（Jean de La Fontaine）

有些人之所以自卑，在於他們認為自己身上有著他人不可超越的缺點，便自我唾棄。但實際上，世上並沒有絕對的缺點，只有眼光狹隘的人。一個人並不會因為那些普遍認為的缺點就遭到他人的孤立，反而在很多時候，那些缺點會成為人們記住他的標誌和特色。

人們因為林肯平易近人的政治作風，而對他乾瘦的身材留有好感；人們因為拿破崙說一不二、魄力十足的領導風範，而記住他矮小的個頭。所謂的缺點反而變成引人注目的標誌，不再被看作不足和缺陷。

曾出任美國總統的羅斯福（Franklin Delano Roosevelt）因為患上脊髓灰質炎，腿部留下嚴重的後遺症，但他身邊的人並不在意，甚至常常忘了他還有這個問題。

這是為什麼呢？因為羅斯福自己也沒將它當一回事。

在羅斯福三十九歲時，腿部的疾病幾乎讓他無法正常行走，以至

於很多人認為他會就此退出政治舞臺，但他為了爭取艾爾·史密斯的提名，在民主黨全國代表大會上發表「快樂勇士」的演說，還成功被提名為紐約州州長，並為爭取當選紐約州長在公眾面前發表演講。

羅斯福以一個充滿活力、熱情和親切感的形象贏得了公眾的喜愛和認同，且更讓人敬佩的是，羅斯福還是一名身障者。

讓別人愛上你的缺點，這聽起來似乎有些邏輯不通，但現實的確就有這種可能。你的缺點能夠成為別人眼中的亮點，然而一個重要的前提是，你必須先消除自己的心理障礙，接受它，對它冠以美好的定義，只有先自我認同，才可能被他人認同。

那麼如何才能化缺點為優點，化自卑為自信呢？

找回好情緒 tips

☺ 不把缺點看成缺點

一個人必須對自己有信心，也就是說，必須清楚地認識到自己的優點和缺點。而實際上，改變一個人短處的第一步，就是讓自己先認識到它的存在。

在一般情況下，對於自己的缺陷，人們總是抱持著一種「如果沒有它該多好」的想法，習慣自我否定，不願意接受缺點的存在，但誰沒有缺點呢？

不願客觀接受自己的缺點，這才是一個人最不可饒恕的心理缺陷。凡自信的人，不僅接受缺點的存在，而且還會對此視而不見，不去思考缺點的負面影響，自然也就不會為此自卑難過，造成情緒起伏。

接受自己的缺點，並且適當地忘記它，就像自己沒有這個缺點一樣，你就不會為此自尋煩惱，能騰出精力去做其他有意義的事。

☺將缺點看成特色

如果你僅僅是忘掉缺點，那麼你也許會更快樂，但你可能因此丟掉一些機會。因為有些缺點其實並不需要改正，相反地，還十分值得你利用，且恰好是這些缺點讓你與眾不同、獨一無二。

讓你的缺點成為一種特色，引起他人的興趣和關注，那它在別人眼中就不再像你最初認為的那樣醜陋，反而會成為你的一個亮點，讓別人因此對你有好感。當然，不是所有的缺點都能受人喜愛，如果你的某些缺點總是讓別人不舒服，或是產生恐懼，那你最好還是改掉它。

☺將缺點轉為動力

缺點反而能成動力？沒錯。

一個人不足的地方越多，就更知道自己哪裡需要努力，那麼進步的空間就越大，反而能獲得驚人的成績。

缺陷可以是一種動力，也可以是一種懦弱，「非要在做不到的地方做到」，給自己一種反向的激勵，你會發現自己的進步驚人。

上天對每個人都是公平的，它讓我們有了缺點，那必然也會給我們另一種彌補缺陷的禮物。大缺陷常會造就奇才，在缺點面前培養堅強的意志，正確看待它、運用它，那麼你就能活出不同凡響的人生。

7-6 「氣質」，並非明星的專利

唯有心靈能使人高貴。所有那些自命高貴而沒有高貴心靈的人，都像塊污泥。

——法國作家 羅曼·羅蘭（Romain Rolland）

所謂「氣質」，可以理解為一個人出現，所讓人感受到的個人性格特徵，這個詞常常用在明星身上。

明星的「氣質」通常表現在兩方面：一是明星的排場，明星個人的自信魅力和蜂擁而至的粉絲，使他們所在方圓幾里都產生了一種排場和氣勢；二是明星的氣質，時尚的裝扮和吸引人的才華表現，使他們渾身散發魅力，即便是一個轉身、一個微笑，甚至一個眼神，都能贏得他人的歡呼和讚美。

曾在網路上意外走紅的網路紅人「犀利哥」，被眾多網友稱很像模特兒，緊閉的嘴巴，斜叼的煙捲，凝重的眉宇，稜角分明的輪廓，氣勢十足，頗有明星氣質。

但是後來一張「犀利哥」回家後咧嘴的照片公之於眾之後，眾多網友大失所望。可見嘴巴是張還是閉，在一定程度上還影響著一個人的外觀美感與氣質。

對此普通人常望塵莫及，認為「氣質」是明星的專利，自己既沒有明星的臉蛋，又沒有明星的才華，但實際上並非如此，每個人都有自己的氣質，只是很多人缺乏明星的自信和心態。

人無完人，大牌明星也並非十全十美，但他們一舉手一投足都魅力十足，原因就在於他們洋溢而出的自信。

也許你覺得自己很難擁有明星那樣自信的心態，沒關係，氣質並不一定要有身高、身材、臉蛋、或錢財，你並不需要為你的不足而自卑，氣質也不是擺架子、做造型就能做出來的，而是逐漸培養起來的。

將以下內容運用到你的日常生活中，你就能逐漸培養起自己的「氣質」，變得與眾不同，令人刮目相看。

 找回好情緒 *tips*

☺端正自己的眼神

俗話說：「眼睛是心靈之窗。」眼神直接反映出你的個性，你一定深有體會。

如果一個人與你交談時目光飄移不定，或是側頭不時地瞥你一眼，又或者仰著頭掃視你，你一定會覺得很不舒服，而你對他的印象也一定好不到哪兒去。

你可能還會抱怨：「眼神躲躲閃閃，好像很心虛」或是認為對方掃視的目光是對你的不屑一顧，但他並沒有惡意，這只是他的個人習慣而已，卻對形象產生「慘烈的」影響。

你的表情和眼神也同樣被別人看在眼裡，學會正視他人，

The Lesson for emotional management that
I wish I Had Been Taught.

不僅代表著對他人的尊重，同時也有助於維護你的良好形象。在與別人交談時，真誠地注視對方，就算他談論的內容你並不確定，那也無需不安，只要把自己看作光芒四射的明星，大大方方地抬起頭直視對方。

眼神沒有正視別人的習慣，人們自己往往難以發現，對此你可以拜託朋友或家人，詢問他們眼中自己的樣子，一旦發現有此習慣，就要及時改正。

☺ 自信大方，走出去

明星出席活動時的裝扮和造型往往是由造型師全程打理，雖並非每次出場的形象都能順應明星們的本意，但是不管他們喜不喜歡，每一次的出場都令人驚艷，這很值得我們學習。

無論你穿的衣服多麼普通，甚至樣子老套也沒關係，只要你大大方方地走出去，不理會別人的目光，那麼你同樣能充滿「氣勢」。

俗話說：「人靠衣衫，馬靠鞍。」但如果一個人走在路上時垂頭喪氣，那麼再光鮮、時尚的衣著也會黯然失色。無論何時何地，都請大大方方地走出去，你將由內而外地散發吸引力。

☺ 言多必失，閉上嘴

在生活中我們會發現，那些表情嚴肅，嘴巴緊閉的人更容易製造出一種威懾力，視覺上給人權威感。俗話說：「言多必失。」有事沒事就張著嘴巴，會讓你魅力盡失。

在不需要說話的情況下，除了微笑，其他時間就閉上嘴。如果你在聽別人說話時感到驚訝或是有別的感情，張大嘴巴會讓你氣質全無，若用眼睛和眉毛來表達你的態度，往往會更加合適。

創造自己獨樹一幟的風格

怎樣才是有精神呢？多數人會答：「挺胸抬頭。」但是抬頭挺胸的人不一定有氣勢，為什麼？因為沒有「sense」，而什麼是「sense」，簡單說就是一種風格、品味，也叫「派頭」。

隨波逐流的人總是很快被人忘記，想要吸引別人的注意，就要獨樹一幟，讓別人看到你的特色。總之，要有與眾不同之處，才能走出你自己的路，這樣你的「氣質」才容易被記住。

抒壓小撇步

聽聽音樂吧

想放鬆，你可以選擇較靜態的音樂，像心靈音樂或古典音樂等。有研究指出，音樂能使荷爾蒙及心跳產生變化，而特定音樂的節奏與旋律，能讓掌管放鬆的「腦α波」提升，也就是說，市面上的那些抒壓音樂確實能有減輕壓力的效果。

212

The Lesson for emotional management that
I wish I Had Been Taught.

Ten Lessons for emotional management that I wish I Had Been Taught

Lesson 8

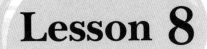

attitude

尋找快樂

——好心態是快樂藥。

快樂不用花錢，我們又為何不好好享受呢？在生活中，對於那些你不想介入的紛爭，你不妨裝裝糊塗，這就是一種處事的智慧。人生只有一次，要開心的過，還是鬱悶的過，全操之在你。若你能學會將快樂養成一種習慣，從「心」出發，並分享給你的親友，那無止盡的快樂都將隨你提取，永不竭盡。

8-1 快樂不用花錢，何不享受它？

> 快樂就是幸福，一個人能從日常生活中發現快樂，就比別人幸福。
>
> ——法國作家 羅曼・羅蘭（Romain Rolland）

「天底下沒有免費的午餐。」但是有一種東西，我們每天都可以享用，而且終身免費，那就是「快樂」。真正的快樂是免費的，它不需要花我們一分一毛錢。

．．

有一個富翁，他很有錢，卻不快樂。他想，既然自己那麼有錢，就一定可以買得到快樂，只要願意花錢。於是他吃遍、玩遍了所有他認為可以感到快樂的東西，但他還是悶悶不樂。

當他看到周遭的人笑得很開心的時候，他會問：「你快樂嗎？」笑著的人回答他：「我很開心啊！」他又問：「那明天呢？後天呢？你還是會很開心嗎？」對方便說：「明天、後天，我不知道是不是能一樣開心。」他問了很多快樂的人，得到的答案都是一樣的。

有一天，有個人跟他說：「你只要穿上世界上最快樂的人的衣服，你就可以成為世上最快樂的人。」於是他開始尋找那個「世界上最快樂的人」，三年之後，有人告訴他那個人就居住在某個鎮上，他立刻出發去找那個人。

The Lesson for emotional management that
I wish I Had Been Taught.

到了鎮上，他問路人：「請問世上最快樂的人住在這裡嗎？」路人就指著山上說：「對呀！但他住在山洞裡。」

他奮力地爬上山，找到山洞，果然見著個人。

他問：「先生，請問世界上最快樂的人是不是就住在這裡？」那個人回答：「是啊！」他又問：「那請問他在嗎？」那人便回答：「我就是！」富翁聽到之後，興奮地說：「先生，我有個不求之請，不知道您能不能幫我？我聽人家說，穿上了您的衣服之後，就可以成為世界上最快樂的人，我可以跟您借衣服來穿嗎？」

對方聽了，便笑著說：「你沒看到嗎？我從來不穿衣服的！」

有些人之所以過得不快樂，在於他對自己的茫然，不明白快樂其實都在自己身邊。物質豐足的人不一定快樂，因為真正的快樂是不需要花錢的，很多人想要快樂，卻不知道怎麼做，快樂其實很簡單，它與我們時刻相伴。那我們要如何才能找回這些開心呢？

找回好情緒 *tips*

🐛 像孩子般看單純的那一面

在這個步調快速的時代，忙碌的生活讓越來越多人蒙上了原本能發現美的眼睛。其實在生活中，能使我們感到溫馨的，往往不是什麼驚天動地的大事，反而是那些再平常不過的小事。

孩子總能看到事物美好的那面，大人卻總是想得太多、太複雜，所以總是快樂不起來。

生活是百花園，即便是小小的角落，也都能散發出馨香，

生命是美好的，一件小事、一句話，甚至一個眼神，都蘊含著真正的美好。只要我們擁有一顆單純的心，善於從每件事上尋找良善，我們就能得到最簡單的快樂。

你只要生氣一分鐘，便喪失了一分鐘的快樂，用心去體會生活，你會發現處處都有美好，都有值得你感動微笑的事情。

▲觀察生活：小鳥的鳴叫、嬰兒的笑臉、家人的可愛，對這世界來說也許微不足道，但對你我來說，這就是一種簡單的快樂。多放注意力在這些美好的小事上，你會發現，原來你的生活中藏有很多樂趣。

▲找到快樂面：當你遇到不開心的事時，可以先思考一下這件事帶給你的正面影響是什麼？找到這些事的積極面，然後直率地去面對和解決，那麼它給你的就是正向幫助。

▲助人，更快樂：當你在公車上看到孩子或老人時，主動讓位，你就能得到一個感謝的微笑，微笑是會傳染的，能讓你開心起來。

珍惜你已經擁有的

「人生中最珍貴的，不是失去和得不到的，而是現在擁有的幸福。」

時光一去不復返，無論是失去的還是得到的，都已成為過去。但在現實中，常有人為過去的快樂而感嘆現在的不幸，為一些失去的事物沮喪，但其實更重要的事情是——多珍惜你現在擁有的美好，如果不懂得把握，快樂就會從你的眼前溜走。

在感恩節的時候，有位男士垂頭喪氣地來到教堂，坐在牧師面前。

他對牧師訴苦：「我知道感恩節要對上帝表示自己的感謝

之意，但是如今我一無所有，失業也已經很久了，工作也找了十多次，但還是沒人願意雇用我，我沒什麼能感謝的……」牧師問他：「你真的一無所有嗎？上帝是仁慈的，好，那這樣吧，我給你一張紙、一支筆，你把我問的問題的答案寫下來，好嗎？」

牧師問他：「你有太太嗎？」

他回答：「我有太太，她沒有因為我的貧窮而離開我，她還愛著我。所以，我覺得更愧疚了。」

牧師問他：「你有孩子嗎？」

他回答：「我有孩子，我有五個可愛的孩子，雖然我不能讓他們吃最好的食物，受最好的教育，但他們很懂事。」

牧師問他：「你的胃口好嗎？」

他回答：「嗯……我的胃口很好，但是因為沒什麼錢，所以我常常只能吃五分飽。」

牧師問他：「那麼，你睡得好嗎？」

他回答：「睡覺嗎？呵呵，我這個人一碰到枕頭就睡著了。」

牧師問他：「那你有朋友嗎？」

他回答：「我有很多朋友，因為我失業了，他們常常幫我，但我無法回報他們。」

牧師問他：「那你的父母如何呢？」

他回答：「我的父母充滿著愛，雖然他們已經不在了。」

於是，他的紙上寫下了這六項：（一）我有好太太、（二）我有五個好孩子、（三）我有好胃口、（四）我有好睡眠、（五）我有好朋友、（六）我有很棒的父母。

牧師要他唸了一遍，便對他說：「恭喜你！感謝上帝，祂

是何等地照顧你，賜福於你，你要記住，永遠先感謝你擁有的。」

他回到家，想著剛才牧師告訴他的話，又照照久違的鏡子，忽然發現——哎呀，我是多麼的凌亂，又是多麼的消沉！頭髮亂得像稻草，衣服也有點髒……

俗話說：「得不到的東西總是最好的」，但其實最好的往往就在我們手裡。

生活中值得你開心的事很多，只是都被我們忽略掉了。珍惜眼前的一切吧！因為珍惜，你才會感覺到這一切都有神賦予你的意義。

痛苦也是你的福分

海明威（Ernest Miller Hemingway）的著作《老人與海》中有這樣一句話：「英雄可以被摧毀，但是不能被擊敗。」人生不可能一帆風順，難免會跌得很重、摔得很痛，我們經常把這些看成人生的痛苦過程，避之唯恐不及，但其實痛苦也是一種學習。

一天，有個人湊巧看到樹上有隻繭在蠕動，像是有蛾要從裡面破繭而出。於是，他開始觀察起蛹變蛾的過程。

但時間一點一滴地過去了，蛾還是沒有出來，只是在繭裡奮力掙扎，將繭扭來扭去的，一直無法掙脫繭的束縛，似乎難以破繭而出。這個人在一旁看得很心急，於是找了一把剪刀，在繭上剪了一個小洞，讓蛾擺脫這個繭能容易一點。

果然，蛾很快就從裡面爬出來了。但牠的身體卻非常臃腫，翅膀也異常萎縮，伸展不開來。他在一旁等著蛾飛起來，但那隻蛾卻只是跌跌撞撞地爬著，怎麼樣都飛不起來，過沒多

久蛾就死了。

記住，苦難是命運賦予一個人成長的形式之一，只不過這種形式是以痛苦的方式給予的，只有先經歷這個痛苦的過程，才能淬鍊出人生的純度。

只要我們以另一種眼光來看待，就不會因此而過度失意，就算經歷苦痛，也能感受到甜美的小幸福。

抒壓小撇步

把快樂存起來

拿出一本筆記本，記下每個能讓你快樂的事情，越多越好，寫下那些你閉上眼睛想，就會覺得快樂、或是浮現想要得到它的任何東西，都可以記在筆記本裡。不論是你一直很想去的國家、一本讓你很想看的小說、一件你一直很想買的洋裝等。

把它寫下來，就等於先把它們存下來。當你有空閒、覺得煩悶時，便可以翻開這本「快樂存摺」，然後挑一樣現在可以完成的事去做，你就能馬上領出你的快樂。

8-2 裝糊塗，是深藏快樂的大智慧

身在幸福之中而能有自知之明，可不是一件容易的事。

——法國作家　雨果（Victor-Marie Hugo）

筆者曾經看過這樣一個故事：

一個男人因為在公司遭到老闆責罵，回家後將怨氣發洩在妻子身上，妻子覺得委屈，孩子又因為一點小事不聽話，於是，正在氣頭上的妻子又打了孩子，而年幼的孩子更難受，無處可以發洩怨氣，便一腳踢了家裡養的小狗。

小狗嚇得跑了出去，逃到馬路上，恰巧對面來了一輛車子，司機為了閃狗而撞到路邊行走的路人，造成對方嚴重的傷害。

一個工作上的不如意，就這樣演變成了悲劇。

這個故事也許帶有一定的戲劇性，但它的警示目的卻非常明顯，男人的怨氣引發了一連串的問題，如果他不將老闆的話放在心上，不將公司的壞情緒帶回家裡，就不會導致如此不可收拾的後果。

但我們也不能排除妻子的部分責任，如果妻子能對丈夫多一些包容與理解，適當地裝裝糊塗，不跟他吵，或許也就能避免這樣的不幸發生了。

可見，「怨氣」和「比較」是生活的禍根，事事太認真，不懂得包容和接納，那就會不快樂。世界上總有令人不如意的事情，真正的糊塗是洞悉一切之後的超然，面對生活，活得糊塗一些，糊塗到只注意生活中的快樂，而對一切的不如意視而不見，如此，你就能發現自己輕鬆多了。

聰明難，糊塗更難。糊塗是一種待人處事的大智慧，那我們又該如何學習呢？

找回好情緒 *tips*

永遠保有包容的心

《朱子家訓》中有云：「忍一時風平浪靜，退一步海闊天空。」總是與別人針鋒相對，這表現不出你的厲害，只會讓你失去更多朋友。沒有退讓，就沒有和睦，與人相處，適當的退讓不是懦弱，不是膽怯，而是一種智慧。

史書《資治通鑑》裡曾有這樣一個故事：

武勇非凡的郭子儀一舉掃平安史之亂，功績卓越，為復興唐室立了大功，因此深得唐代宗器重，唐代宗為此將女兒昇平嫁給了郭子儀之子郭曖為妻。

時間久了，小夫妻難免拌嘴。一次，兩人吵架之後，氣憤的昇平公主擺起了皇室的架子，這讓郭曖很不滿，他便憤恨不平地回道：「不就是仗著妳父親是天子嗎？有什麼了不起的！告訴妳吧，妳父皇的江山是我父親打敗了安祿山才保全下來的，我父親因為瞧不起皇帝的寶座，才沒當這個皇帝！」

聽到郭曖出此狂言，昇平公主一氣之下回了皇宮，將此事稟告了皇上。

聽完女兒的一番抱怨後，唐代宗並沒有要為女兒打抱不平的意思，反倒平靜地說：「妳是個孩子，有許多事還不懂。妳丈夫說的是實情，天下是妳公公郭子儀保全下來的。如果妳公公想當皇帝，早就當上了，天下就不是我們李家的了。妳不要因為郭曖說了一句話，就亂扣『謀反』的帽子，如果你們總是這樣，又怎麼有好日子過呢？」聽了父親的勸導，昇平公主也覺得有道理，氣也消了，便又回到夫君家。

後來這件事被郭子儀知道了，兒子口出狂言，幾近謀反，這還得了，叫人把兒子綁起來，帶到宮中拜見皇上，請求皇上治罪。

但唐代宗卻沒有怪罪郭曖的意思，反而和顏悅色地勸慰郭子儀：「沒什麼大事，小倆口吵架，說話過了點，我們老人家不要認真了，不是有句俗語說：『不癡不聾，不做家翁』嗎？裝作沒聽見就行了。作為一家之主，對晚輩的過失就裝裝糊塗吧。」郭子儀聽了之後，才稍稍鬆了一口氣，感恩唐代宗的寬容之心。

人們常因為生活裡的一些小事不快樂，但其實只要試著用寬容的心接納，讓那些人情糾紛、勾心鬥角成為心裡的滄海一粟，我們就不會再為此而傷神傷心。

學會忘記，是一輩子的課題

一位女子因為丈夫的去世而悲痛欲絕，她拖著虛弱的身體出門，想要找大師尋求安慰。才剛走到大師家門口，就恰巧遇到一位年邁的老婦人，聽到女子的委屈，老婦人便開導她：「不要太傷心，妳失去了丈夫肯定很難過，然而死亡是每個人

必經之路，妳不如好好觀修死亡與無常，這樣妳才能擺脫悲傷。」

然而，女子卻仍然沉浸在悲痛當中無法自拔，她抓著頭髮大聲痛哭。

老婦人又說：「妳可以哭，但是不要一直想著這件事，因為一直想著妳的丈夫也是無法改變事實的，妳一直想著他，就會繼續受折磨，傷害妳的身體。這件事很快就會過去，世上的其他事情也是。妳不該把每一件事情都放在心上去折磨自己。」

聽了老婦人的勸告，女子的情緒漸漸緩和起來，忘記了要去拜見大師的事。回家之後，她聽從了老婦人在她悲傷時的勸告，開始念一些經文給她的丈夫，不久之後，她的心情與精神便恢復正常，身體也漸漸好了起來。

幾個月之後，大師在向信眾傳遞佛法時，提到了他的母親開導鄰居的事，並且表示，他覺得好的佛法就像他母親的一番忠言：「認清萬事無常，別把每件事都牢記在心來折磨自己」。

生活中確實有很多會讓我們不如意的事情，而忘記是最明智的做法。

也許你昨天才剛和誰人吵了一架，也許你曾經痛苦得想離開這個世界，也許過去的很多事情讓你感到遺憾，但你還要活下去，你就應該讓過去的那些不快樂隨著時間而淡去。學會遺忘，是你一輩子的課題。

😊糊塗，也要有原則

「難得糊塗」絕不是不負責任、不分是非，而是在堅持原則的前提之下的一種聰明選擇。真正聰明的人會在小事上裝糊

塗，但在重要的大事上從來不糊塗。

正如宋代大文豪蘇軾說的：「大勇若怯；大智若愚」。「若愚」是閱盡滄桑後的領悟，是一種人生智慧。

北宋時期，官員呂端為官期間被人稱為「糊塗者」，但是當時的皇帝宋太宗卻說：「端小事糊塗，大事從不糊塗。」呂端的糊塗中藏著智慧，也藏著原則。

一次，太宗向呂端問計策：「自從漢唐以來，有過封乳母為夫人的事情，你怎麼看呢？」呂端便回答：「以前漢唐朝代跟現在不同，那個時候或許是因國大，或許是因為名聲好，才那樣做的，都是事出有因的。可以這麼說吧，法無定法，禮無定制。」此番話使得太宗大開心竅。呂端在宋太宗、真宗皇帝當朝的年代裡，兩代為臣，在複雜多變的官場春風得意，與他的「糊塗」有很大的關係。

小事要能不計較，大事要能有分寸，裝裝糊塗，對煩惱事了無牽掛，你便能快樂一生。

從心出發，
快樂隨你提取

我很久以前就學到，最快樂的人是為別人做最多事的人。

——美國教育家　布克‧華盛頓（Booker T. Washington）

真正的快樂是內在的，它只有在人們的心靈裡才能被發現。

的確是這樣，快樂不是外界能給予我們的，而是由我們的心靈創造出來的。讓快樂從你的心出發，你才能真正感受到源源不斷的快樂。

在安徒生的作品當中，有這麼一則貧窮老夫婦的故事：

有一天，這對老夫婦想把家中唯一的財物：一匹馬，拉到市場上去換點有用的東西回來，於是老先生就牽著馬趕集去了。

他先用這匹馬換了一頭母牛，然後又用母牛去換了一隻羊，接著再用那隻羊換了一隻肥鵝，沒多久，又把鵝換成了母雞，最後，用母雞跟別人換了一袋爛蘋果。

在每次的交換當中，他都覺得能給老伴一個驚喜。

當他扛著那袋爛蘋果到路邊的小酒店休息時，遇到了兩個外地人。

在閒聊當中，他興奮地說起自己這次趕集的經過，而兩個外地人

聽了之後哈哈大笑。他們說老先生真傻，用一匹馬換了一袋爛蘋果，回去一定會被老婆臭罵一頓。但老先生堅決地說他太太絕對不會生氣，於是外地人用一袋金幣和他打賭，他們就跟著老先生回家了。

老太太見丈夫回來了，非常高興，她興奮地聽老先生說趕集的經過。每聽到丈夫說著用一種東西換了另一種東西時，她都充滿了讚賞，並高興地說著……

「哦，這真好，我們有牛奶喝了！」

「嗯，羊奶也一樣好。」

「哦，這也好，鵝毛多漂亮！我喜歡有一隻鵝！」

「太棒了，那我們現在就有雞蛋可以吃了！」

最後聽到丈夫背回的是一袋就快腐爛的蘋果時，她還是一樣開心地說：「太好了，那我們今晚就可以吃蘋果派了！」

兩個外地人願賭服輸，一句話都沒說，直接將一袋金幣遞給老先生，便懊悔地離開了。

....

快樂就在你心中，沒有誰能偷得走。既然有一袋爛蘋果，那我們就做蘋果派吧！只要你心裡有快樂，就沒有什麼能夠阻止你快樂。如果你能用心創造快樂，那無論在什麼時候、什麼地方、面對多糟糕的境遇，快樂都能永遠伴你左右，隨你提取。

找回好情緒 *tips*

☺ 別刻意找快樂

真正的快樂是從心裡覺醒的，如果你刻意去追尋快樂，那就算真的得到了快樂，也是稍縱即逝。

有一個富人，他擁有數以萬計的財富，卻老在抱怨他有多不快樂。

一天，他下定決心離開這樣的生活，主動去尋找自己的快樂，於是他背起金銀珠寶，想在某個地方找到快樂。

然而在漫長的旅途中，他始終沒有發現快樂，他很苦惱，自言自語地說：「快樂為什麼這麼難？」這時，他發現對面有一個衣衫襤褸的農夫，唱著歌朝他走來，富人看到農夫快樂的樣子，便忍不住問：「你看起來很開心啊？」農夫笑笑地說：「對啊，我很開心才唱歌的。」富人又疑惑地問：「那什麼事情讓你開心呢？」

「我剛從田裡回來，我的秧苗長高了很多。而且你看，我在路上還撿到了一些柴火，這夠我用兩天了，真是太幸運了。」農夫喜形於色地說。

富人又問：「我走了很久很久，為什麼就都沒有找到快樂呢？」

「是嗎？這一路上的風景一直都很美呀，難道你沒有發現嗎？」農夫反問他。

富人放眼望去，這才發現到處都是美景。他忽然意識到，自己一直背著重重的行李，害怕錢財被人家搶走，才無視這一路上的美景，原來快樂就在自己的眼前溜走了。他又想到自己那三個可愛的孩子，賢慧的妻子，忠誠的僕人，他瞬間感受到快樂造訪他了，他開心地握了握農夫的手，轉身走向回家的路。

為了得到開心、快樂，有人過度消費，體驗刷卡購物的片刻爽快感；有人出國度假，得到心靈的暫時放鬆；有人看喜劇電影，透過劇情的刺激開懷大笑……的確，這些方式都能讓我們快樂，但這樣的快樂是有限的，只是讓我們快樂的輔助手段。而無限的快樂額度卻在我們的心裡，從自己的內心提取快樂，我們才不會被外界的變化左右心情。

😊 知足，就能快樂

　　古代詩人陸遊也說：「人若不知足，貪欲浩無窮。」誘惑和欲望總如一條環形鎖鏈，一環扣一環，永遠沒有盡頭，外面總有更高的山、更美的景色，若你不懂得知足，就會成為欲望的奴僕，永遠都無法滿足。

　　有位神情沮喪地詩人在路上遇到了一個天使。

　　天使問他：「你不快樂嗎？需要我幫助你嗎？」

　　詩人說：「我什麼都有，但就是欠缺一樣東西，你願意給我嗎？」

　　天使回答：「可以，你要什麼我都可以給你。」

　　詩人便看著天使，說道：「我想要的是『幸福』。」

　　天使想了想，然後對他說：「我明白了。」然後，天使就將詩人所有東西都拿走了。

　　一個月後，天使再次來到詩人面前，只見詩人已經餓得半死，衣衫襤褸地躺在地上。

　　於是天使將詩人的一切還給他，然後便離去了。

　　半個月之後，天使又來探望詩人。

　　這次，詩人挽著他的妻子，不停地向天使道謝。因為，他終於想起原本自己擁有的幸福。

　　有時我們之所以不快樂，是因為想要的太多，而心存感

激、知足的人，才能得到更多的幸福與愛，才能摒棄沒有意義的無限欲望。

😊 在愛中播種快樂

在宇宙之中，沒有什麼能夠超越愛的力量，也沒有什麼能夠阻撓愛為我們帶來的一切美好與能量，愛才能讓世界充滿生機和快樂。

在義大利，有一位名叫柯妮的女士，她的一生都奉獻在關愛孤兒的事業上。在她八十九歲時，她仍然在經營著十幾家孤兒院，讓很多孤兒感受到愛和溫暖。凡是聽過她故事的人，無不感到驚訝和欽佩，一個高齡的老人，竟有著如此強大的力量，本該享受天倫之樂的年紀，仍在為那些孤兒而操勞。

對此，柯妮解釋：「人們常讚美我是一個偉大的人，但我要說的是，其實我只是在很多年前收養過十七名孤兒，一般人都會這樣做的，對於人們的讚美，我必須說，這是大家對我的溢美之詞。」

原來，柯妮女士曾經收養的十七名孤兒，在她悉心的照顧和關愛之下，長大成人，並小有成就，於是紛紛以柯妮的名義在各地開設孤兒院，讓更多的孩子得到愛和幫助。

柯妮女士說：「現在我收養的那些孩子都長大了，他們用我的方式繼續傳播愛，我相信以後會有更多人加入這裡。」

愛是幸福的主宰者，我們既要感受愛，當然就更要付出愛。絕不要吝嗇付出自己的愛，在你力所能及的情況下，多幫助需要幫助的人，即便是萍水相逢，你也能藉此得到與付出更多愛，因而更快樂。

受用無窮，
將快樂養成習慣

成功不是快樂的關鍵，快樂才是成功的關鍵，如果你熱愛你做的事，那麼你將會是一個成功者。

──人道主義者 史懷哲（Albert Schweitzer）

有什麼樣的習慣，就有著什麼樣的人生，「習慣」它播種了「人生」。

著名作家葉聖陶曾說：「凡是好的態度和好的方法，都要使它成為習慣。只有熟練得成了習慣，好的態度才能隨時隨地表現，好的方法才能隨時隨地運用，像是出於本能，一輩子都受用不盡。」

培養好習慣對我們來說受益匪淺，將好習慣培養成自己的第二性格，它的價值會在我們身上不斷增值，成為受用一生的財富。

英國《太陽報》（The Sun）曾以「什麼樣的人最快樂」為題，舉辦了一次有獎徵答活動，他們從八萬多封的來信當中，評出四個最佳答案：

（一）作品剛完成，正吹著口哨欣賞自己作品的藝術家。

（二）正在用沙子蓋城堡的孩子。

（三）為嬰兒洗澡的母親。

The Lesson for emotional management that
I wish I Had Been Taught.

（四）千辛萬苦開刀之後，終於挽救了危急病人的外科醫生。

要使自己成為快樂的人，從第一個答案中，我們知道必須要工作，有工作，就會使人快樂；第二個答案告訴我們，要快樂，必須充滿想像，對未來充滿著希望；而第三個答案告訴我們，要快樂，就要在心中滿懷著無私且不計報酬的愛；接著，第四個答案告訴我們，想快樂，一定要有能力，你要有助人為樂的技能。

只有這樣的人，世人才會給他最美妙的報償，正所謂：「予人快樂，予己快樂」。

. . . .

《三字經》中說：「人之初，性本善。性相近，習相遠。」意思是說，人剛生下來時，本性上沒有什麼太大差別，是後天習慣的養成，使人與人之間的個性產生了差異。

有些人每天都感到快樂與幸福，並不一定是他的生活有多麼令人羨慕，而是他們將快樂養成了一種習慣；有些人則整天愁眉苦臉，他們總在強化自己的悲觀，以至於總是無法感受到生活中的小快樂。

正因如此，我們才更應該將快樂培養成一種習慣，將其培養成一種性格。如此，我們必然能一輩子受用無窮。

找回好情緒 *tips*

☺ 培養快樂的意識

將快樂培養成一種習慣，其實並不是難事，如果我們覺得快樂，那就會快樂。快樂是一種感覺，也是一種意識，就像是培養一種學習習慣。

不論是每天背十個英文單字，還是預習課文內容，都要先建立起一種習慣，有了這樣的習慣，才會有行動。

有時，人們會因為沒有確實消除心裡的負面情緒，雖然很渴望養成快樂的習慣，但是對鏡子微笑時，心裡卻是沮喪、失望的。

如此，當你的意識並沒有認真改變時，那麼就算換再多的方法也是徒勞，我們前面提到，快樂需要從心出發，這是關鍵。

如果我們心裡不想快樂，那麼它只會成為一種奢望。我們必須先有快樂的意識，告訴自己：「我很快樂」、「我想快樂」，從內心說服自己，才能養成習慣。

☺ 告訴自己有多快樂

其實，就算當下我們不覺得快樂，但憑著自己的「意念」，也能迅速找到幸福的自己。你可以試試以下心理訓練，就能很快得到美好的心理感受。

現在以「……快樂」為主體，造幾個與快樂有關的句子，例如：

▲現在我覺得很快樂！

▲現在開始，我要很快樂！

▲我現在正要讓自己變得更快樂！

在心裡重複這些句子，加強自己「此時此刻」的重點觀念，將思考侷限在「現在」，拋下對以前的不捨，展開對未來的期盼，在腦袋裡輸入「現在」的時間觀念。

　　如果你發覺自己無法保持這種狀態，可能是你的精神不夠集中，你可能還陷在今天或幾天前發生的不愉快，亦或擔心一些事情，這樣是很難有效果的，你必須努力排除一切雜念，告訴自己：「我，現在開始就要更快樂！」

加強快樂的實力

　　人們之所以快樂，原因之一就是得到足夠的滿足感，例如：站在獎臺上領獎的感覺很得意，被人羨慕的感覺也很開心；比賽贏了，我們會覺得非常興奮和喜悅。

　　獲得成功的滿足感，就能加倍我們的快樂，這也就需要我們不斷增強「快樂實力」。

　　▲加強自信：想想自己有哪些特長，選出最好的五種，在一張紙上分門別類的列出來，作為激勵自己的動力。

　　▲學習工作相關知識：學習與自己工作相關的知識和技能，使自己在工作中能表現得更加出色。

　　▲學習多種能力：培養自己的幽默感、積極性、美感、求知欲和好奇心，會使他人對你更有好感。

　　▲完成重要的事：讓自己具備以上這些能力之後，努力並專注地去做你認為重要的事，以此獲得更大的滿足和快樂。

快樂，貴在堅持

　　習慣的養成有如紡紗，一開始只是一條細細的絲線，隨著我們不斷地重複相同的行為，就像是在原來的那條絲線上不斷纏上一條又一條絲線，最後它便成了一條粗繩，將我們的思慮和行為給纏得死死的。

習慣的養成貴在堅持，才能在我們的思考和行為上落根，成為一種慣性，成為生活中的一部分。快樂的習慣養成在於我們要時時製造快樂，並認真地感受它，若你能無時無刻、隨時隨地地給自己快樂的信號，使快樂的種子在我們心中根深蒂固、萌芽茁壯，那麼無論遇到什麼事，我們都能保持樂觀與正面的想法。

☺微笑，也要養成習慣

俗話説：「伸手不打笑臉人。」隨時保持微笑，有助於我們營造良好的人際關係。

更重要的是，微笑可以改變我們的心情，當我們因為某些事而不小心陷入負面情緒時，不妨先試著笑一下。站在鏡子前微笑，一開始你可能很不習慣，但請放鬆自己的臉部肌肉，使全身保持在輕鬆自在的狀態，讓微笑逐漸變得輕鬆、真實起來。

然後注視鏡子中自己的笑臉，一段時間後，你會發覺自己的心情似乎真的好了一些，這是一個非常簡單且有效的快樂方法。

快樂地過吧！人生只有一次

如果我們覺得不行，那可能會永遠不幸。

——愛爾蘭劇作家 蕭伯納（George Bernard Shaw）

人生只有一次，沒有重新選擇的機會，無意義的浪費生命，無疑是在浪費自己人生的價值。一旦陷入壞情緒，沒有誰會覺得快樂，心中必定充滿抱怨。

有誰希望一輩子只有一次的生命是痛苦得過呢？但是在現實中，這樣的例子並不少見。

有幾個學生向哲學家蘇格拉底（Socrates）請教：「什麼是人生？」

蘇格拉底便帶著他們來到一片蘋果林，對他們說：「你們可以從這一頭走到那一頭，每個人選一顆自己認為最好、最棒的蘋果給我，但只能拿一顆。」

學生們穿梭在蘋果林當中，認真地尋找自己認為最好的蘋果。過了很久，學生們都走出了蘋果林，蘇格拉底笑著問他的學生：「你們都找到自己認為最好的蘋果了嗎？」學生們竟都相覷無語。

蘇格拉底看到這樣的反應，便問道：「難道你們對自己的選擇不

滿意嗎？」

「老師，我們可不可以重新來一次？」一個學生按捺不住地問，「我剛剛走進蘋果林不久，就看到一顆我覺得又大又漂亮的蘋果，於是我就將它摘了下來，但後來我又發現更好的，所以我有點後悔。」

「是的，老師，但是我和他相反，我剛走進蘋果林時，我就看到一顆我認為最大又最漂亮的蘋果，但我想還會有更好的，所以沒摘下它。然而當我走到蘋果林的盡頭時，才發現我一開始看到的那顆蘋果才是最好的。老師，再讓我們重新選一次吧！」另一個學生也請求著。

蘇格拉底語重心長地對他的學生說：「孩子們，你們看，這就是人生，人生就是一次沒辦法重來的選擇啊！」

．．

和別人有了誤會，非要等對方來找自己才想解釋清楚，結果把多數的時間都用來生氣；明知道自己和喜歡的人不可能有結果，卻還是固執地等下去，任憑心裡淌著血，臉上還要掛著笑；已經意識到自己遇到瓶頸了，進退兩難卻不改變，結果就是讓自己一直沮喪下去。

在人生中，有時等待是一種美麗，但有時等待卻也是一種傷害。

人生苦短，千萬別把多數的時間浪費在不對的人事物上，就像摘蘋果一樣，「擇你所愛，愛你所擇」。

找回好情緒 *tips*

☺ 找適合自己的工作

隨著就業環境日趨嚴峻，職場競爭越來越激烈，很多人為此蟄伏以待。有些人知道目前的工作對自己來說已經沒什麼意義了，但又擔心一旦跳槽不成，又會丟了原來的飯碗，結果變成走也不是，留也不是，整天心煩意亂，對工作毫無熱情。

有些人則是不知道自己到底能做什麼，於是想待在這個職位上好好思考，但思考了許久，機會錯過了，卻又後悔當初沒能及時抓住。

只有做一些你感興趣的工作，或是適合你的工作，你才會更有熱情，因為興趣是最好的老師。有興趣，學習與工作才會有動力，才會有事半功倍的效果。

工作能成為一種快樂，認真固然重要，但沒有興趣只會讓工作變得更加枯燥乏味，長此以往，就會使你情緒低落，導致工作效率下降。

如果你發覺目前的工作並不適合你發展職業生涯，或是根本無法發揮你的能力。那與其鬱悶抱怨，不如儘早離開，找到你感興趣的工作，投入其中，這樣你才能在工作中享受快樂。

☺ 一廂情願的愛情，沒有結果

「一個人一生至少該有一次，為了某個人而忘了自己，不求有結果，不求同行，不求曾經擁有，甚至不求你愛我，只求在我最美的年華裡遇到你。」一生遇到一次令自己癡迷的愛，對我們來說就是一種幸福。

但若是為了這種癡迷，等待幾十年甚至一輩子，那似乎有些不值得，因為，這樣能讓你快樂嗎？

有一首歌這麼説：「有多少愛可以重來，有多少人願意等待。」對我們來説，沒有誰是值得我們付出「一輩子」去等待的，為了一段不可能有結果的愛情等待終生。為一個人流淚到天明，日復一日，我們失去的是那原本該屬於自己的快樂，再美的愛情也不需要你付出自己所有的快樂。

曠世才女張愛玲對大她十四歲，風流倜儻、博才多學的胡蘭成一往情深，但是胡蘭成背景特殊，在顛沛流離之中，兩人一度失去聯繫，張愛玲卻忠貞不渝地等待他，孰料再次相見時，胡蘭成早已另有新歡。

殘酷的現實讓張愛玲的愛情城堡瞬間崩塌，她悲傷至極，萬念俱灰。在離開胡蘭成時，張愛玲説：「我不得不離開你，不會去尋短見，也不會愛別人，我將是自我萎謝了。」

從此，張愛玲便真的凋零了，她一生未嫁，遠赴美國，過著獨自一人的生活，幾十年如一日，被痛苦和悲傷佔據，在絕望的愛情世界裡，她凋零了自己的青春，也凋零了人生。

張愛玲的作品部部經典，但是她的一生並不快樂。

有些愛不值得等待，為一個不值得等待的人付出年華和眼淚，受傷的不是別人，正是自己。

對於那些最美卻又得不到的愛情，我們最好將它收藏在心裡，當作回憶，往後就不要再深陷在這種情緒當中，而是要往前看，去追求自己真正的幸福，不要因這種情緒而賠上自己的一輩子。

不在被動之中錯過快樂

與人來往，我們難免會和他人產生誤會，或因意見不同而產生矛盾。

不歡而散之後，有時會為面子而保持沉默。即便見到對方

也不説話，總是要等待對方先開口，結果時間一久，兩人也就有疙瘩，疏於聯絡了，就這麼失去了一個朋友。

為什麼不儘快説明一切呢？其實你只要在見到對方時，微笑地和他打個招呼，對方也一定會回應你，因為僵持的感覺誰也不喜歡。

如果有時間，就約對方一起吃個飯聊個天，把誤會説清楚，如果你錯了就道歉，對方表示錯了就原諒，一切心結就都解開了，你的心裡也不會因此有個疙瘩了。

抒壓小撇步

牽手與擁抱

研究指出，當伴侶彼此牽手兩分鐘，便能刺激腦部分泌降低壓力的催產激素，那不僅能幫助我們穩定神經，還有降低高血壓的效用。因為催產激素是用來降低腦中掌管與恐懼、焦慮感的杏仁核過度活躍。如果你單身，沒人可以牽、可以抱，那就抱抱寵物或親戚的小孩吧，效果也是一樣的。

8-6 分享，
你的快樂是加倍的

好咖啡要和朋友一起品嚐，好機會也要和朋友一起分享。我們必須與其它生命共同分享我們的地球。

——美國海洋生物學家　卡森（Rachel Louise Carson）

快樂是一種幸福又美好的體驗，人人都希望享受快樂，也希望從他人那裡得到有關快樂的訊息。快樂固然是一種精神財富，但它不應該只為一人所享有。

我們先來看看這個故事：

有一次，一個十分自私卻又虔誠的基督教徒，遇到一個上帝派來的天使，這天使告訴他：「你將獲得到天堂和地獄參觀的機會。上帝希望你能在這次的參觀當中有所領悟，也希望你領悟之後，想想未來到底是要待在天堂，還是待在地獄。」

這位教徒在天使的帶領之下，來到了惡魔掌管的地獄，當走進地獄時，他看到了讓人十分吃驚的場景，長桌上擺滿了各式各樣的美味佳餚，所有人都坐在兩側，但那些人全都愁眉苦臉、無精打采，各個骨瘦如柴。

教徒覺得很奇怪，仔細觀察之後他發現，原來這些人的左手綁著

一把叉子，右手綁著一把刀子，可是由於刀叉太長了，他們根本無法將食物送到自己嘴裡。

接下來，天使又帶教徒來到天堂。

教徒打開門一看，那裡的情景和地獄一樣，大家都分坐在桌子兩側，左手也是綁著長長的叉子，右手綁著長長的刀子，桌子上也放著一樣的食物，但他們卻滿面笑容，臉色紅潤，天堂裡充滿了笑聲。教徒覺得疑惑，為什麼在同樣條件下，這裡的人會這麼快樂呢？

不一會兒他就發現，原來大家都用自己手裡的刀叉切取食物，然後送進自己桌子對面的人的嘴巴裡，所以每個人都能吃到美味的食物；而地獄中的每個人都自私地想自己享用，也不願意幫別人切取食物，當然就無法享用美味佳餚了。

．．

《孟子·梁惠王下》中寫了這樣的一段話，曰：「獨樂樂，與人樂樂，孰樂？」，曰：「不若與人。」，曰：「與少樂樂，與眾樂樂，孰樂？」，曰：「不若與眾。」獨樂不如與人樂，與少數人樂，不如與多數人樂。

快樂從來就不是一種獨自的體驗，你的快樂所帶來的美好感受是有限的，但如果你將它分享給身邊更多的人，那麼你的快樂就會加倍。正如那句話所說的：「將痛苦與人分享，痛苦就減輕一半，將快樂與人分享，快樂就增加一倍」。

與你分享快樂的人越多，你就越能感受到快樂，那我們該如何與人分享自己的快樂，讓自己的快樂加倍呢？

找回好情緒*tips*

☺和大家分享你的所見所聞

　　人們透過報紙、雜誌、網路、電視等媒介得知了許多資訊，如果我們的生活中沒有它們，那一定少了很多色彩。

　　同樣地，如果我們能將生活中發生的一些有趣的事說給身邊的朋友們聽，讓他們知道讓你快樂的事，那麼你的心情不僅能更愉悅，還能讓對方也感受到快樂。而對方也會向你聊起他身邊的趣事，替你帶來更多的快樂體驗，透過這樣的交流，你就能得到雙倍的快樂，生活也將更有樂趣。

☺傳染你的快樂給朋友

　　俗話說：「近朱者赤，近墨者黑。」一個情緒悲觀的人，每天跟熱情快樂的好朋友在一起，時間久了也會開始樂觀起來。快樂是可以傳染的，你何不這麼做呢？

　　羅森是一家高級餐廳的薩克斯風演奏手，雖然收入不高，但他總是笑臉迎人，彷彿沒有什麼事能讓他煩惱。他身邊的朋友都很喜歡和他在一起。

　　羅森和幾個朋友都是愛車的人，也很想擁有一輛自己的車，可是由於收入不高，所以一直沒能實現。

　　一天，羅森和幾個朋友聊天，聊到車，大家一臉憧憬。其中一人便開玩笑地說：「我們去買彩券吧，如果能中獎，不是就有錢買車了嗎？！」於是，他們每個人拿出二十美元，各買了十張彩券。結果，這彩券真的讓羅森中了大獎，他贏得一筆龐大的獎金，但其他人卻完全沒中，雖然他們也為羅森高興，但還是有些悶悶不樂，為什麼這麼好的事情不是發生在自己身上呢？二十美元就這樣沒了。

而羅森馬上就用獎金買了一輛自己喜歡的小轎車，一有時間便開著新車載著朋友們兜風，他總是把車擦得一塵不染。但是沒過多久，人們卻沒看到羅森開車了，他的朋友便問他車子怎麼了，原來在不久前，羅森的車失竊了。

　　聽到這個消息，他的朋友都很吃驚，因為他們都知道羅森愛車如命，一輛價格不菲的車轉眼就不見了，擔心他受不了這個打擊，於是紛紛安慰他：「沒關係，車丟了就丟了吧，不要太難過了。」沒想到羅森大笑著說：「我為什麼要難過呢？」他的朋友都很疑惑地看著他。

　　羅森接著說：「如果你們不小心丟了兩塊錢，會很難過嗎？」

　　他的朋友回答：「當然不會。」

　　「我丟的，就是兩塊錢啊。」羅森笑著說。

　　他的朋友們都笑了：「對啊，我們只不過丟了二十美元，為什麼要不開心呢？」從那之後，羅森的幾個朋友都更樂觀了，連愛車失竊的羅森都這麼看得開了，他們怎能為沒中獎而一直鬱鬱寡歡呢？於是，他們更有聊不完的快樂話題。

　　快樂可以傳染，但是樂觀的思維能誕生出更多歡樂。

　　試想，你的一個朋友由鬱鬱寡歡變得開朗起來，那麼你與他在一起，你的快樂會增加多少呢？答案是無數倍。從不要吝嗇分享自己的快樂，更不要各嗇向身邊的人說出你的快樂，多與他人分享快樂，你就更能時常與快樂相伴。

😊和朋友們享受快樂時光

　　快樂是一種需要分享的幸福，一群人總比一個人更快樂。

　　你可以在週末或是節日假日時，約上幾個好友，不論是聚餐、唱歌還是外出郊遊，都是一種不錯的享受，與親近的人在一起分享和傳遞快樂，那種快樂的感覺更會成倍增加。

Ten Lessons for emotional management that I wish I Had Been Taught

Lesson 9

suggestion

自我暗示
——喚起潛在的力量。

「心理暗示」的效果是驚人的，它不但能影響我們的意念和行動，還可能導致人體機能的改變。若你遇事總是負面思考，憂慮愁苦，那麼何不現在就開始學習正面思考呢？「正面力」能讓你受用一輩子，因為只有積極樂觀的心態，才能幫助你走出人生中的無數次困境，成為你自身最強大的盾牌，誰都奪不走。

9-1 自我暗示，就能產生好心情

習慣是一種巨大的力量，它可以主宰人生。

——英國哲學家 培根（Francis Bacon）

自我暗示是指，靠主觀想像某種特殊的人事物的存在來進行自我刺激，以達到改變主觀經驗和行為的目的。自我暗示的作用強大，例如，消極的自我暗示：「我不行」、「真慘」、「不可能」等容易誤導自己，影響自信心，造成我們的意志力薄弱，精神不振，情緒低落。

而積極的自我暗示能幫助我們堅定信心、振奮精神，在短時間內建立良好的態度和期望。

積極暗示的學問由來已久，《世說新語・假譎》就曾記錄過這樣的一段故事：

曹操領兵出征時，因為走錯路，又找不到附近的水源，士兵們各個渴得嗓子無聲。

曹操見狀，便揚起馬鞭指向前方，大聲地喊：「前面就有一大片梅林。」士兵們聽到梅林，便想到梅子的酸味，不自覺地開始流口水，緩解了原先的口乾舌燥。

之後隊伍陸續走了十幾里路，雖然沒有真正喝到水，但卻解去士兵們一時的「燃眉之渴」，這就是有名的「望梅止渴」。

士兵在不知道真實情況的條件之下，欣然接受並相信了曹操說的：「前面有梅林」這個事實，結果暗示效果非常地好。

這裡可以看到一個重點：如果我們對自身的感覺與信念，無條件地加以接受，就會影響心理和生理，能發揮自我暗示的效果。同樣地，積極的自我暗示對我們來說意義重大，在重要時刻，這種方式常常能讓我們達到最好的狀態。

積極的自我暗示是一種常用的心理調整方法，它的重要作用之一就是鎮定。人們常會因外界情況的變化而受到影響，例如，職場競爭、人際來往，會給我們一些壓力，造成精神上的緊張，而積極的自我暗示有助於幫助我們鎮定情緒，排除雜念。

在心情平和、放鬆的狀態下，我們能發揮最好的狀態，從而更好地應對生活各方面的壓力。如果我們感到情緒緊張、急躁、不安或是恐懼，那麼透過積極的自我暗示，則完全可以消除這樣的情緒反應。

那在生活中，我們該如何運用自我暗示來達到調整情緒的目的呢？

將自我暗示深入到環境

由於社會節奏的加快和壓力的日益增加，許多人常會覺得內心焦躁、不安。因此，透過自我暗示，可以產生平靜、放鬆情緒的效果。你可以在情緒緊張時，說些：「沒問題的」、「不用擔心」等語言性的自我暗示來幫助自己，這是很有效的放鬆方法。

但多數時候，人們常常侷限於所處的環境，僅僅只有言語上的自我暗示是很難真正讓人們放鬆下來的。

而將自我暗示由言語深入到環境，更容易見到效果。以下介紹一種特別的放鬆法：

（一）找一件東西，例如：身邊的水果、球類等，將它拿在手中。你可以坐在椅子上或躺在床上進行。

（二）以橘子為例，先凝視著手中的橘子，並仔細、反覆地觀察它的顏色、形狀、紋路等，接著用手觸摸，感受它的質地，並拿到鼻子前感受它的味道。

（三）閉上眼睛，回憶橘子留給你的印象。

（四）排除雜念，全身放鬆，想想自己到了橘子的內部，想像一下橘子裡面的樣子，並感受這種感覺，它是什麼顏色？它的味道如何？記住自己所感覺到的一切。

（五）想想自己從橘子裡面走出來，恢復到原來的樣子，把剛才所想像的一切再回憶和感受一遍，接著做五次深呼吸，從一數到五，再慢慢睜開眼睛，你會發現自己正陷入剛才冥想創造出的新環境中，壓力和煩惱都減輕了許多。

藉暗示激勵自己

　　人們之所以會情緒低落、精神不振，其實並非事情本身多麼令人難以承受，而是人們的心理暗示造成的。例如：「我好衰啊」、「這個問題太難了」、「我沒有能力」、「我真的做不到」等等，在這種消極暗示的作用下，人們對自己逐漸失去了信心和動力，就會使自己陷入一種較差的狀態。

　　其實事情本身並不能直接引導我們，而是我們的意識和心理左右了我們的行為，運用自我激勵，對自己進行積極的自我暗示，你可以這樣進行：

　　▲我是一個聰明、有自信的人。

　　▲我從事的工作中，我是很傑出的。

　　▲我對朋友很好，我是最棒的。

　　▲我有最強大的行動力。

　　▲我能實現自己的願望。

　　運用這些暗示能替自己增加動力和信心，不僅能使你的情緒振奮起來，對生活和工作更有熱情。而且你會發現，起初自己認為不能勝任或是做不好的事情，就這樣被你輕鬆解決了。

暗示自己快樂又幸福

　　希望自己從消極情緒當中解脫出來，你可以運用積極的自我暗示。例如，常對自己說：「我很快樂」、「我很幸福」、「我心情超好」，或者是對著鏡子微笑，都能有改變情緒的效果。

　　但如果你被身邊的瑣事弄得心煩意亂，以至於無法靜下心來，那麼你可以運用一種叫做「形象預演」的方法使自己進入角色。

　　所謂的形象預演是指，透過我們的想像力，在大腦裡勾勒

出一幅畫面，那是你的某種心願或是正在進行中的目標，以及想像實現之後的情景，它的步驟是：

（一）找一個舒適的地方，坐下或是躺下，讓身體完全放鬆。

（二）想像自己喜歡或期盼的事物。

（三）想像自己就和期盼中的一樣。例如，你想像自己正在馬爾地夫度假，就想著自己在那裡的海灘上漫步，想像踩在沙子上的感覺。如果你正想擁有一輛屬於自己的車子，那麼就想像自己正在駕駛它。

總之你不僅要想像，而且還要感受每一件事都像自己希望的那樣發生了，甚至想像真實的細節，使自己融入其中。

（四）將所有想像的畫面、聲音等留在大腦裡，然後對自己進行一些積極的肯定和陳述，直到內心有幸福或快樂的感覺，並記住這種感覺。

（五）告訴自己，想像即將結束，在想像的環境和影響下對自己說一句堅定有力的話。例如：「我就快實現目標了」、「全世界都會幫我達成」、「我的狀態超好」等等。

如此，你就能產生一股新的力量，讓自己邁向快樂又幸福的道路。

完全投入且
連續的暗示才有效

無論什麼見解、計畫、目的，只要以強烈的信念和期待進行多次、反覆的思考，那麼它一定會在潛意識中，成為積極行動的源泉。

——美國心理學家　威廉・詹姆士（William James）

自我暗示的運用範圍非常廣，而且的確具有改變我們原先狀態的力量，使我們能獲得全新的感受。但是很多人運用自我暗示的效果卻不明顯，這並不奇怪，之所以會產生這樣的結果，是因為他們疏忽了自我暗示需要滿足的一個非常重要的條件，那就是：「連續暗示」和「完全投入」。

心理的調節並不是一蹴可幾，它需要經過一段連續且極度渴望改變的暗示過程，才能將原有的心理反應轉到一個期望的軌道之中，並讓我們樂於接受、肯定那些所想像的事實，使暗示發揮作用。

網壇明星伊萬・倫德爾（Ivan Lendl），在與名將約翰・麥肯羅（John Patrick McEnroe）交鋒的過程當中，多次失敗而歸。久而久之，倫德爾的心裡就對和麥克羅比賽的這件事產生了恐懼。

為了克服這個心理問題，倫德爾的心理醫生建議他，每天都要在本子上重複寫一句話：「我期望和麥肯羅比賽」、「我期望和麥肯羅

比賽」，透過這種連續的自我暗示來重新培養信心和勇氣，幫助倫德爾消除恐懼心理。

而無獨有偶地，美國一位著名的拳王在每次接受採訪之後，都會重複一句話：「I'm the best！」（我是最好的！），每次都不忘重複這句話，保持自我暗示的連續性。

運動員經常會用到這種連續性的自我暗示來調整精神狀態，不斷增強自己的信心和動力，達到最佳備戰狀態。

為什麼連續的自我暗示這麼重要呢？我們可以從日常生活中得到答案。例如，電視常會不斷重複播出同一支廣告，使我們對它留下印象。這雖然不是一種自我暗示，但是卻像我們說明的道理：重複接受一種事物，它就會逐漸走進我們的大腦和心裡，形成我們潛意識中的一部分。越是重複、連續性地接受，就會對其越印象深刻。

俗話說：「書讀百遍，其義自見。」我們進行連續性的自我暗示，即便剛開始我們並不能投入這種想像狀態，但時間一久，也就會慢慢接受，甚至感覺自己已融入其中。

 找回好情緒 *tips*

60秒PR法

美國人經常會做一種被稱為「60秒PR法」的家庭生活遊戲，這是指每天花費60秒的時間，大聲說出自己的能力和優點，以幫助自己增加自信。而這也是運用了連續且積極的自我暗示法。

即便我們不能像外國人那樣，習慣大聲地說出自己的優

點，但只要我們的自我暗示是連續性的，就能使自己始終處在一個期盼和想像的場景，我們就能受此推動，逐漸改變自己，使自己朝著理想中的方向靠近。

☺自我暗示的練習

每天早上和晚上分別抽出一些時間來進行自我暗示，可以事先寫下一些鼓勵和肯定自己的句子，並從中選擇出順口且能給自己帶來更多動力的句子，日後固定下來，並進行強化練習。我們可以對自己說：

▲我正在進行非常有效的訓練，我能因此得到更多的力量和信心。

▲我是最勇敢、最樂觀、最有自信的人。

▲我的學習能力很強。

▲我是主導自己人生的主人。

▲我要馬上行動。

連續進行自我暗示，讓它們在你的腦海裡根深蒂固，形成一種固有的思維模式和心態。如此即便你遭遇困難或身處逆境，你也不會輕易被現實擊倒，而是自然而然地以自己平時的思維思考，用積極的行動讓自己儘快擺脫困境。

☺需具備約束力及完全投入

要讓自我暗示發揮更有效的作用，成為我們的得力助手，就需要有約束力。俗話說：「凡事起頭難。」任何事都是一個由小到大、由少積多的過程，只要我們持之以恆，堅持下去，自我暗示一定能成為我們調節情緒的得力助手。

而讓自我暗示效果顯著的另一個重要因素就是——完全投入。投入並不難，學生全神貫注地聽課、考試，這都是一種投入，歌手深情地唱歌，也是一種投入。

投入是一種狀態，它可以啟發我們的潛能，使我們做得更好。成功的人往往不是有什麼不同凡響之處，而是在於他們能夠毫無保留地投入自己，所以他們總能挖掘出更強的潛能和力量。

😊最快速投入的方法

　　如何讓自己更快投入至自我暗示當中呢？一個最簡單的問題，就能幫助我們輕鬆投入其中。

　　為什麼戀愛中的人常常不顧一切，甚至為了愛奔走四方，即使很多人勸阻也誓言不回頭呢？這就是因為過於投入、過於沉醉於戀愛之中。可見投入的關鍵是，你能否將自己置身於環境當中，以達到忘我的地步。

　　很多人都無法全然地投入自我暗示，這是因為他們的內心被外界的嘈雜所干擾，焦躁不安，即便是在進行積極的自我暗示，心裡還是會不時地想起工作、生活上的煩心事，這樣怎麼可能會有好的效果呢？

　　在自我暗示時完全投入，將一切雜念統統拋開，用美好、積極的想像為自己營造一個全新的世界，努力感受它的存在，並盡可能地放大自己的感受，讓自己沉浸其中。如此你才能真正從中獲得力量，讓積極和美好的感受滲透到全身，給予自己改變現實的動力。

「積極暗示」，讓你回想起熱情

激情，是鼓滿船帆的風。風有時會把船帆吹斷；但沒有風，帆船就不能航行。

——印度詩人　泰戈爾（Rabindranath Tagore）

熱情就是動力，就是希望。一個人對生活充滿熱情，便永遠不會被現實的冷漠、困苦所擊倒，或是因命運的挫折而躊躇不前。

熱情是戰勝一切的原動力，這就好比汽車的引擎，讓我們擁有勇往直前的力量。

然而來自各方的壓力常常讓人們深感疲憊，熱情便在每天的工作和生活奔波中漸漸耗損。疲憊，很難應付激烈的社會競爭，更容易導致情緒問題，形成惡性循環，讓情形每況愈下。

那要如何改變這種情況呢？我們不妨藉助暗示的力量，時常對自己進行積極暗示，就能重新點燃熱情，使自己重新充滿力量。

無肢勇士力克‧胡哲（Nick Vujicic）一出生便沒有四肢，只有五趾不全的小腳（醫學上稱其為海豹肢症），沒有任何的醫學解釋。

而極度震驚與悲傷的母親，一開始甚至拒絕擁抱他。幸好，力克的父母是虔誠的基督徒，透過信仰克服了心中的恐懼和擔憂，更成為

力克健康成長的關鍵角色。他的家人從小就給予力克豐富的愛與鼓勵，將他當一般的孩子養大。

在求學的過程中，力克曾因為身體的缺陷，受到澳洲法律的限制，五度被拒絕進入一般學校就讀，他的母親積極爭取修法，讓力克成為首批進入主流教育體系的身心障礙學生之一。相較於其他四肢健全的小朋友，力克用腳趾頭和嘴來寫字，認真的他學業成績斐然，屢屢獲選為學生代表。

從小，力克就非常樂觀、自信、好動，所有正常小孩的活動，他都想去嘗試。幼年時，他曾經受到同儕排擠和霸凌，力克失望之餘，決定主動和別人當朋友，也因此贏得好人緣，並以無比的勇氣戰勝霸凌。

但青少年時，力克曾一度放棄希望，甚至嘗試自殺。

十五歲時，力克聽了《約翰福音》裡盲人的故事，在那之後，他全然地願意將生命奉獻給上帝。因為他領悟到，他的缺憾不是他或父母犯了罪，而是「為了彰顯上帝的作為」，上帝對他另有計畫。

這個盲人的故事是說：有一個人一出生就是盲人，耶穌見了他，一旁的人就問耶穌：「為何他天生就是個盲人呢？」耶穌便回答：「這是為了要在他身上顯現出神的作為。」聖經的話帶給力克喜樂與力量，在他心田裡撒下種子。

他領悟到，一個人儘管外表健全，如若內心殘破，這是毫無意義的。人生充滿了無限的可能，應該要給自己機會創造價值，這個體悟讓他立志成為勵志演說家。

他認清了自己所要釐清的重點是：「我是誰？我在這世上的目的為何？」他明白，唯有找到真理，才能得到自由，若沒有通達的智慧，便無法看透這世間的一切。

力克讓我們知道，即使面臨世上所有人都覺得的無力處境，我們

The Lesson for emotional management that
I wish I Had Been Taught.

還是可以利用這樣的處境，激勵他人。力克是英雄，在大多數人都看不到出路時，他替自己找到了機會。

很多時候，只要一個明確而有力的信念，就能成為我們點燃熱情的原動力。給自己一個積極正向的自我暗示，使我們充滿熱情，以精神飽滿的狀態迎接每一天。

那在實際生活中我們該怎麼做呢？

找回好情緒*tips*

☺用「當下」自我暗示

如前篇所述，自我暗示帶有暫態性，如果我們不能讓暗示的內容對當下的我們產生影響和引導，就會失去作用。例如當我們告訴自己：「將來我要成為一個很有自信的人，我將會成功。」那麼它當下並不能給予我們力量，這微小的力量幾乎無法讓我們感受到，而且很快就會忘掉。

如果我們對自己說：「我現在充滿了自信，我現在就想成功。」這種暗示的力量便會集中於當下，讓我們產生強而有力的震撼，使我們迅速得到力量，產生行動上的轉變。

☺進行積極的自我暗示

積極暗示的意義並不是指使用帶有積極意味的話語就足夠了，還必須要具有強大的積極性，而且一定要正面表達。例如當我們遲到了，結果工作耽擱了，進度落後，導致case無法完成，那在進行自我暗示時就不應該說：「我以後再也不遲到

了。」而是要說：「我以後每天都要早十分鐘出門。」

　　總之，不要重複那些帶有消極或負面字眼的詞語，而是要說那些需要的、積極的，這樣我們才能獲得最直接、有力的暗示，從而幫自己創造出積極的行動。

☺用簡短句自我暗示

　　使用簡短、有力且內容清晰的句子自我暗示，往往更能在我們身上發揮作用。

　　這是因為人腦在接收這些信號時，需要一個反應過程，如果說一番哲理性強又冗長的句子，會增加我們大腦和身體的反應時間，而句子越簡單直接，我們接收得越快，對其印象就越深，也就會更快地付諸行動，迅速達到效果。

☺根據個人情況選擇暗示內容

　　人各有所好，一個相同的句子，不同的人可能會有不同的反應。一個句子對一個人有效，對另一個人也許就完全沒有用，只有那些能給我們自身感覺帶來行動力的句子，才真正有效用。

　　例如，一位有自信的人反覆暗示自己要更有自信，這並不能對他形成多大的鼓勵；反之，一個非常自卑的人如果這樣說，反而容易熱血起來。根據自身情況選擇出最能鼓勵自己、使自己感覺最舒服的句子，才能達到良好的效果。

☺接受既有的現實

　　自我暗示在於為我們提供改變現狀的力量，但這並不意味著我們要否定現實、不接受現狀、抵觸或努力改變自己的感受或情緒。

　　只有接受現實的存在，才能擁有強烈改變現狀的期望，才

會創造新的事物，暗示在於讓我們透過「建造」、「體會」新的事物，從而減輕現實中的感受，直至消失，形成新的觀念。而不是先消滅、改變或否定現實，否則很容易引起兩者的衝突，而且沒有任何效果。

相信並感受暗示的內容

暗示能否發揮作用，不僅在於我們説了什麼，更在於我們接收到、感覺到什麼，只有我們相信暗示的內容真實存在，並儘量感受它，將它領悟到心中及思緒裡，暗示才能轉變為推動我們改變的動力，使暗示的效果更有效。

9-4 暗示的力量，試試吸引力法則

當你真心渴望某樣東西時，整個宇宙都會聯合起來幫你完成。

——《牧羊少年奇幻之旅》 保羅・科爾賀（Paulo Coelho）

對於自我暗示這種方式，有些人常常不理解，認為那些只不過是自己想像的罷了，即便自己想像得再好，現實也完全是另外一個樣子，需要解決的一樣要解決，需要面對的困難仍然要面對，似乎對現實中的自己沒有多大的幫助。

會造成這種想法，往往是他們沒有真正體驗到這種感受。其實只要按照程序去做，在適當的時候給予自己正確的自我暗示，並全心投入，任何一個人都能因為自我暗示而產生改變。但假如不去實踐，這個問題自然很難解釋。

風靡全球的著作《秘密》（The Secret）便幫助我們找到了答案。《秘密》一書中提出「吸引力法則」的概念。

什麼是「吸引力法則」呢？《秘密》一書寫道：「你生命中所發生的一切，都是你吸引來的。它們是被你心中所保持的『心像』吸引而來，它們就是你所想的。不論你心中想什麼，你都會把它們吸引過來。」

262

The Lesson for emotional management that
I wish I Had Been Taught.

當我們用話語和信念對自己進行暗示時，由於吸引力法則的存在，我們就能將自己所思、所想的事物吸引到自己身上。例如，當一個人反覆暗示自己「我要賺很多錢」、「我想考上公務員」之後，並且能正確理解和使用這個法則，他就真的會努力地往他所希望的道路上前進。

這樣簡單的解釋，或許很難讓人理解吸引力法則到底是什麼，它又是如何發揮作用的呢？以下就向大家具體說明一下：

 找回好情緒*tips*

😊 吸引力法則的理解

吸引力法則，乍聽起來令人覺得匪夷所思，難道每個人都有特異功能，都具有吸引力嗎？但這答案是肯定的。

那該如何理解這個問題呢？世上的萬事萬物都是由能量所組成的，而能量就是一種振動頻率，每樣東西都有著它不同的振動頻率，所以才出現了那麼多不同事物的面貌。無論是桌子、椅子等有形的物體，還是思想、情緒等無形的東西，都是由不同振動頻率的能量所組成的。

例如，這裡有一排音叉，當你敲響其中一個，音叉發出清脆的樂聲，沒多久，其他的音叉也會發出同樣頻率的樂聲，它們的聲音會互相應和，產生共振，甚至越來越大聲，也就是說：振動頻率相同的東西，會互相吸引，並且引起共鳴。

同樣地，我們的腦波也是有頻率的，你可以想像我們的大腦就是這個世界上最強的「磁鐵」，我們的思考、意念都具有

內在的能量，當你努力想著某件事物、對其充滿了強烈的渴望時，你的思維震動頻率就會與你所想像的事情越來越吻合，並逐漸產生共振。

就好比你向整個宇宙發出呼喚，使思維振動頻率相同的東西離你越來越近，最後達成你的希望。

這個法則不是人為想像的，而是自然、客觀存在的，無論你思考的內容是什麼，宇宙都會將它們回應給你。你如果思考積極的東西，你就會得到積極的結果；反之，你思考消極的東西，你所得到的也將是消極的。

正因為吸引力法則看不見、摸不著，人們又不知道如何才能摒棄所有消極的想法和行為，只吸引美好的事物，因此吸引力法則掌握起來並非那麼容易。

吸引力法則發揮作用的條件

吸引力法則的發揮也需要一些必要條件。每個人都希望過得快樂富足，而積極美好的頻率才能吸引同樣積極美好的事物，所以我們應該保證自己隨時都處在積極美好的頻率上。

那該如何透過吸引力法則達成自己的願望呢？這就需要你滿足以下條件：

▲釋放所有負面能量：負面能量會使我們吸引負面的東西，將它們全部釋放掉，我們才能不受干擾。

▲加入更多積極能量：積極的能量才能吸引積極美好的事物，若我們本身就是積極、富足、快樂的本質，那麼在負面能量釋放之後，再進一步加強正向能量，那我們的思維和感覺就能幫助我們努力去達成願望或目標。

▲聆聽內心的指引：認真聆聽內心的想法，並記住身歷其

境的感受。

　　▲感受積極的能量：無論你想到什麼，只有你先徹底地感受到它們，才能開始改變行動。

　　▲採取行動：當你感受到力量時，不要錯過時機，應立即開始行動。

　　▲不計回報地付出：在行動的過程中，也許有很多事情阻礙你，但是你必須堅持下去。

　　滿足以上條件，吸引力法則才能在你身上發揮作用。

吸引力法則的實際運用

　　如果能夠理解吸引力法則的效用，並且照其去做，那麼對你來說，運用此法則就一點都不困難。

　　你現在希望得到什麼，將來希望過怎麼樣的生活？你要認真地思考，在大腦裡勾勒它，對自己說：「我現在就要如何如何」，讓大腦接收這種積極的信號，聆聽和感受自己的期望，並不遺餘力地付出行動，那麼最終你將能實現期望。

由負面轉正面情緒
的關鍵態度

任何一種處境，無論是好是壞，都受到我們對待處境的態度所影響。

——古羅馬哲學家　塞內卡（Lucius Annaeus Seneca）

1%的壞情緒可能導致100%的失敗結局嗎？確實如此。

如果你懂得俗語「一顆老鼠屎壞了一鍋粥」的道理，你可能就能輕易體會到，如果你的情緒中有99%都是正面情緒，唯獨那1%是負面的，那麼這1%也許日後就會反噬這99%的正面情緒，導致全面翻盤，繼而改寫結局。

那些壞情緒，並不一定會反應出我們知道的那種生氣、悲傷、後悔、憤怒、慚愧、猶豫或痛苦，有時候當我們還沒有發現時，它就已經開始影響我們的行為了。

世界上第一所教導學生「正面思考」（positive thinking）的高中，是位於英國的威靈頓公學（Wellington College）。

威靈頓公學是所貴族學校，成立於西元一八五三年，學校設立於英國的蘇格蘭鄉間，占地四百英畝，是英國升學率第一的私立寄宿學校。校友包括《動物農莊》的作者喬治·歐威爾（George Orwell）、香港前港督葛量洪爵士（Sir Alexander Grantham）等名人。

學校約有八百名學生，每個星期都由劍橋大學教授親自講授「幸福課程」，教導學生如何利用正面思考來獲得幸福與快樂。

該校校長曾在哈佛大學開課教導「正向心理學」，因為有感於現在環境過於複雜與競爭，學生畢業後不知如何處理挫折，容易成為負面的人。校長表示：「現在學校最重要的工作是，讓學生成為開心且有安全感的年輕人，這比講授教育部規定的課程還重要。」

此外，美國賓州大學賽利格曼教授（Martin Seligman），也是首位提出正向心理學的權威，他發表了一份長期研究。

內容是，他從美國某家壽險業的一萬五千名員工當中，篩選出一千一百名做為觀察對象，對其進行五年的長期追蹤，發現正面思考的經紀人業績，比負面思考的人高出了88％，而負面思考者的離職率是樂觀者的三倍。由此可知，正面思考之威力可見一斑。

由負面轉正面，這件事的難度當然很高。

《哈佛商業評論》曾提出，正面思考能力強的人，一般來說會有三種特質：（一）能夠坦然面對現實；（二）擁有深信「生命有其意義」的價值觀；（三）擁有即時解決問題的驚人能力。

想要掌控自我情緒，就要能及時察覺負面情緒的癥兆，如果能在其剛萌芽時就消滅它，那自然更好。當你覺得心情越來越差時，以下方法可以幫助你：

☺提升你的「阿Q力」

「有些時候，騙騙自己也是一種樂觀的生活態度。」我們當然不可能將每件事情都做得完美無缺，更何況這個世界上本來就不存在著「完美」這件事。但如果我們每次都能將自己的情況想得更好、更正面一些，像「阿Q」一樣自我滿足，那麼就很容易得到更多的快樂。

☺反省自己，不要過度

自我反省的確是一種謙卑的做人態度，但如果你一遇到麻煩，就先將問題歸咎在自己身上，不給自己任何「藉口」，那你就會將自己推向另一種極端。

一味地怪罪自己，只會讓心情變得更糟糕，在遇到問題時適當地給自己一些時間去解決，也適當地安慰一下自己，比過度的怪罪自己效果更好。

☺學會自我欣賞

自我否定常常成為一些人情緒消極的原因，例如，事情都還沒個結果，他們就開始在心裡嘀咕：「我能力不足，不能解決這問題」、「做錯了怎麼辦」等等，結果很多時候就真的「如他所願」地失敗了，但這是你的沒自信，讓壞情緒蔓延的結果。

你要能學會自我欣賞，讓自己充滿自信，不為沒有發生的事憂慮重重，更不自我否定。若你能帶著期待和希望看待一切，就能時時心情舒暢地面對一切難題。

先面對、處理，再樂觀

樂觀，不是要你盲目，而是「樂觀地」認知現實的情況。讓情緒真正冷靜下來的方法不是逃避，而是接受和面對。我們始終都需要面對現實，如果你總躲在幻想之中，認為事情可以簡單解決，然而一旦回到現實，你仍然無法處理，那麼這只是無用的幻想罷了。

所以先面對、處理一切，再樂觀地接受一切吧，告訴自己眼下的情況還不是太壞，這樣你才能以穩定的情緒解決問題。

不要總和比自己強的人比較

向強人看齊，固然是一種積極的表現，但如果時常如此，難免給自己製造壓力，產生一些負面情緒。知足才能常樂，在前進的同時，不妨也回頭看看，或是幫助那些不如自己的人，這樣也是一種很好的情緒慰藉。

對焦慮說Stop！

當你覺得焦慮的時候，就很容易陷在這種狀態中迷失自我，並難以從這樣的思考裡跳脫出來，因而持續一種不安的狀態，並失去了進取心和改造目前生活的動力。

當你覺得自己在焦慮時，就應該馬上告訴自己「Stop！」，告訴自己立刻停止這種想法，不要再想那些讓你覺得煩躁的事情。

停止焦慮的方法很簡單，除了馬上決定出處理方式外，其他不外乎是去做一些你感興趣的事，讓你的注意力迅速轉移，從焦慮情緒之中解脫出來。

9-6　培養受用一生的強大正面力

> 只要有夢想就去追求，別人辦不到，就會說你辦不到。
>
> ——電影《當幸福來敲門》（The Pursuit of Happyness）

思維為我們建立了個人價值觀和世界觀，並引導我們做出行動。

就如：「播種一個行動，你會收穫一個習慣；播種一個習慣，你會收穫一種個性；播種一種個性，你會收穫一個命運。」思維引發行動，便能由此收穫一種命運。

也就是說，有什麼樣的思維，你就有著什麼樣的生活和人生，換句話說，你的態度決定著你的人生。

⋯⋯⋯⋯⋯⋯⋯⋯⋯⋯⋯⋯⋯⋯⋯⋯⋯⋯⋯⋯⋯⋯⋯⋯⋯⋯⋯⋯⋯⋯

羅伯特博士曾和學生做一項研究專題，內容為：「老鼠走迷宮吃乳酪」為期六週，羅伯特將學生分成三組，每組觀察一組老鼠。

在實驗開始之後，羅伯特分別與三組學生進行了不同的談話。他對第一組學生說：「你們將與一大群優秀老鼠合作，這群老鼠非常聰明，牠們能迅速走過迷宮到達終點。你們真幸運，所以你們要多買一些乳酪放在終點，以獎勵這些聰明的小傢伙。」

對第二組學生，他說道：「你們將和一群普通老鼠合作，這群老鼠雖然不太聰明，但也不至於太笨，牠們最後還是能走過迷宮抵達終

點。但是牠們的智力一般，你們不要對牠們期望太高，只需要在終點放一些乳酪給牠們吃就可以了。」

而面對第三組同學，他卻強調：「我很抱歉，你們將跟一群蠢笨的老鼠合作。這群老鼠笨極了，表現應該會很差。如果牠們能夠走過迷宮抵達終點，那可能是意外。所以，你們根本不用準備太多乳酪。」

結果六週之後，三組老鼠表現出了很大的差異。

第一組被稱為天才的老鼠們以最快的速度走過迷宮，動作靈活。第二組的老鼠雖然也能走到終點，但動作相對來說慢了不少。而第三組老鼠表現得的確很糟糕，只有一隻走過迷宮抵達了終點。後來羅伯特告訴學生們，這些老鼠都出自同一窩，牠們之間的能力並沒有什麼不同。

那麼，是什麼讓這些老鼠有了天壤之別的表現呢？其實這只是羅伯特博士使用不同的「話術」，讓學生們對老鼠產生不同的期待與態度。在實驗的過程中，雖然人與老鼠無法透過言語交流，但學生用心的程度卻會明顯影響到老鼠的表現。

- -

可見，心態不同會直接影響我們的表現，進而導致不同的結果。當你越是期待美好的結果，以積極、正面的思考來看待事物，就越能發揮潛能，得到更好的結果。

同時，研究結果也顯示，擁有正向思考的人更健康、更快樂。

經科學家研究證明，正向思考的神經系統所分泌出的神經傳導物質，具有促進細胞生長發育的作用。

因為人體的神經系統與免疫系統相互關聯，人們在正向思考時，身體的免疫細胞也會活躍起來，並繼續分化出更多的免疫細胞，使人體的免疫力增強。一個積極面對生活、對身邊的人事物經常採取正面

思考的人，較不容易生病，自然也會更健康、長壽。

此外，研究學者寇菲（Cofer）指出：人們在挫折面前，有超過九成的人會有退縮、攻擊、固執、壓抑等反應，而善於運用正向思考的人會有這些反應的比例則低於一成。

可見積極正向的思考對我們來說益處無窮，積極看待生活，用正向思維武裝自己，相信自己才能擁有陽光般的人生。

在《正向能量》一書中，朱迪斯・歐洛芙博士（Dr. Judith Orloff）認為直覺是想像力、心靈和智慧的結合體，它可以帶來健康和創造力，讓我們的生活豐富多彩，減少我們的麻煩。所以要培養這種正向思維並非一蹴可幾，不僅要成熟心智，還需要我們動用豐富的想像力。現在，從豐富自己的正向想像力開始。

透過豐富的正向想像力對自身進行積極暗示，我們才能建立並加強正向思維，以更積極的態度去面對人生。那我們該如何培養和豐富自己的正向想像力呢？

 找回好情緒*tips*

😊創造你的正向力

什麼是正向力呢？其實就是指我們幻想美好事物的能力和豐富程度。換句話說，也就是正向思維的開闊程度。

正向想像力豐富的人也許會想到十件自我肯定的內容，而這種能力弱的人可能只想到一、兩件。例如，在面對失敗時，有的人在運用正向的自我暗示力時，會想：「我有的是機會」、「我的能力很OK」、「一切都會如我所預期的」、「我一定會成功」、「我現在行動，機會就在眼前」，但有些人想

像的空間比較狹窄，正向思考的內容較少，所以受到的暗示也較少，自然從中得到的動力就越少，積極暗示的效果也相對較差。

俗話說：「心有多大，世界就有多大。」

當正向想像力越開闊，列舉的積極事物越多，就會越有動力，越能發揮改變現實的效用。成功需要野心，需要敢想，「我是最好的」、「我已經擁有改變現在的力量」這種近乎天馬行空的正向思考，來自於你豐富的想像力。

想進行積極的自我暗示，首先就要培養豐富的正向想像力，使自己從中獲得更多的力量。

有效運用正向想像力

快樂的人之所以快樂，不是因為經歷的磨難少，而是他們懂得不失時機地強調自己的正向思維，並運用正向想像力鼓舞、激勵自己。

一旦面臨困難，快樂的人會馬上告訴自己「我現在很快樂」、「我的個人能力正在提升」、「我現在的能力足以戰勝它」，只要有機會，他們就能迅速加強自己的正向思維，將自己想像成最快樂、最不可戰勝的人，並盡可能肯定自己，從而獲得持續不斷的力量。

將正向想像力培養成習慣

羅馬哲學家愛比克泰德（Epictetus）曾說：「是否真有幸福並非取決於天性，而是取決於人的習慣」。

在生活中時常加強自己的正向想像力，將積極的自我暗示培養成一種習慣，使自己時時刻刻都被強大的暗示力量所鼓舞，那麼你不僅能擁有好心情，還能有不同凡響的成就。

莫斯科未開發腦研究所的烏拉吉米爾·賴可夫博士，利用

催眠術來刺激未開發的腦部，以進行開發能力的研究，賴可夫博士向受試者說：「你是梵谷，畫得一手好畫」時，在經過連續十次的暗示後，這位原先沒有什麼繪畫功力的受試者畫出的作品，竟也有如大師般的水準。

　　暗示的力量就是如此強大，透過培養和豐富自己的正向想像力，將這種潛在的能量最大化，你就能自由掌控自己的心情與人生。

抒壓小撇步

寫心情記錄

　　每天在睡覺前，將當天的心情記錄下來，無論是寫在日記本上，還是寫在網誌裡，都是一種記錄。如果你發現自己長期都在寫些負面的事情，那就要特別注意了。此外，你也可以寫一些喜歡的正面名言來激勵自己。藉由文字的抒發與療癒，你會發現自己描寫的是快樂的事情了。

Ten Lessons for emotional management that I wish I Had Been Taught

Lesson 10

slow

學會慢活
──讓心情去趟峇里島。

疲勞，讓你憂鬱嗎？日復一日的煩躁工作和生活，磨光了你最初的熱情和夢想嗎？這是一個過分追求「快」的年代，每個人都被時間巨輪追得喘不過氣。繃得過緊的弦容易斷，同樣地，沒有時間休息的人，總會找到時間來生病，當你對生活中的一切都感到倦怠時，就是你該休息的時候了。

疲勞，是引發壞情緒的源頭

成功的秘訣就在於懂得控制痛苦與快樂這股力量。如果你能做到這點，就能掌握住自己的人生，反之，你的人生就無法掌握。

——美國潛能開發教練 安東尼・羅賓斯（Anthony Robbins）

隨著社會節奏的加快，越來越多人開始覺得身心疲憊，疲勞幾乎成為困擾所有人的現代病。疲勞，簡而言之就是感覺不舒服，身心疲乏。但困擾人們的不僅於此，真正讓人們痛苦的，還有由疲勞所引發的一連串情緒變化，這才是真正影響我們生活和工作的元凶。

人們產生的疲勞，大部分都是心理加強影響的結果，純粹由生理引起的疲勞其實少之又少。也就是說，在日常生活中，人們的疲勞多半是由精神和情感因素引起的，這一論證也得到了科學實驗的證明。

日本NEC和三菱（MITSUBISHI）公司的研究員指出，日本的上班族正遭受著「辦公易怒綜合症」的困擾。經常性加班，導致精神疲勞，再加上雜亂的辦公桌以及錯誤的坐姿，都是引起這種新都市病發生的主要原因。

在接受調查的兩千人當中，有67%的人表示他們坐在辦公桌前的時間比兩年前增加了；有40%的人說，他們經常因辦公桌上雜亂的紙

張和用品感到厭煩，因而發怒。另有35%的人說他們正承受著背部和頸椎的疼痛，而且也知道自己的坐姿不正確。

但大多數人沒有注意到的一個事實是，「辦公易怒綜合症」發展得非常快，不需要多久的時間，這些人就可能從老是覺得不舒服當中，發展成慢性病。而這種病有可能終結你的工作，在許多方面影響你的生活品質。

研究人員並建議辦公室族群可以這麼做：

（一）改變坐姿，可以避免身體出現一些不良症狀。

（二）空出一定的時間休息，能減少疲勞帶來的情緒危害。

（三）有規律地休息，不僅能提高工作時的專心度、改善疲勞，還能增加與同事交流的機會。

（四）保持平和的心態，多喝水，保持室內適當的溫度，可以使你的精神更充沛。

....

疲勞的人常常因為身心疲憊而產生煩躁情緒，又因為眼前的問題一直得不到解決而持續工作，繼而加重負重感和疲勞感，進而使情緒變得更糟糕，結果造成疲勞和情緒的惡性循環，最終使得自己變得十分消極。可見疲勞是引發壞情緒的一個重要源頭，消除疲勞有助於我們維持好情緒。

那我們該怎麼做才能減輕疲勞，舒緩緊張不安的情緒呢？

有些人會說：多休息，認為休息就能解決生理上的疲憊，疲勞狀況就能得到改善，但事實證明並非如此，有些人在連續一段時間的加班之後，開始「補眠」，大睡個十幾個小時，但效果並不好，起床之後身體仍然會感到疲累，且焦慮不安的情緒仍舊存在，可見透過睡眠的休息，並不能有效幫助人們徹底擺脫疲勞。

是否會導致疲勞，心理狀態很重要。在輕鬆的狀態下，我們很少感到疲勞，而在緊張的心理狀態下，疲勞便會排山倒海地襲來，可見消除疲勞的關鍵點在於消除緊張。

那麼該如何消除這種緊張呢？我們可以從以下幾個方面來看：

 找回好情緒*tips*

☺ 擺脫緊張的壞習慣

在壓力和困難面前，有些人總是表現得過度緊張和焦慮，即便是一件很小的事，他們也會坐立不安，心緒難平。自己先製造出一種緊張的氣氛，使自己進入戒備狀態，導致身心全都陷入緊張的氛圍裡。甚至只要有問題出現，就會不自覺地緊張起來，結果問題不但沒解決，反倒把自己弄得十分疲累，而這種人通常比別人更容易疲勞，也更容易產生壞情緒。

其實這是能夠避免的，讓我們緊張的並非事件本身，而是我們「自己」，只要先消除緊張的習慣，就能減少壞情緒的產生。

而消除緊張的方法只有一個，那就是放鬆、放鬆、再放鬆。習慣性緊張的人往往很難做到放鬆，所以可以先從放鬆肌肉開始，如從放鬆眼部的肌肉開始，也可以透過按摩、心理暗示、睡眠、飲食均衡、運動、泡澡等方式來放鬆全身，以此讓心靈獲得真正的放鬆，進而消除緊張感。

☺ 緊張時，停下來休息

疲勞的前兆之一是緊張，當你完全陷入緊張的狀態時，疲

勞感往往會以驚人的速度向你襲來。所以當你開始緊張時，最好先暫時停止工作，你需要先休息、放鬆一下，如喝咖啡、伸展一下身體，以此暫時切斷自己的緊張情緒，等緊張感漸漸退去後，再重新投入到工作當中。

當然一個重要的前提是，你必須先改善窮緊張的習慣，否則即便你暫時消除了緊張，但是在重新投入工作之後，你的緊張感又會「應運而生」，使你在「緊張→休息」之間反覆循環，讓你的疲勞更加劇。

做好計畫，有效減少緊張

在工作任務繁重、時間緊迫的環境之下，我們很容易感到疲憊。這是因為一連串等待解決的工作很容易使我們產生恐懼和壓力，以至於還沒有投入繁重的工作中，就已經在潛意識裡告訴自己「工作好多」、「好累」。

對此，最好的解決辦法就是將所有的工作進行合理的計畫和安排，分清主次和先後順序，將各項工作各就各位，分階段完成。過程中不去想有多少的事情還沒有做，只專注於眼前的事情，並盡可能地使每件工作都能在既定的時間內完成。

如此將工作的各個部分統籌安排，理清脈絡，一一解決，就能在很大程度上消除心理壓力，減少緊張感，這樣就能避免陷入不必要的疲勞狀態。

10-2 出走，
讓你的心鬆綁

要懂得閒暇時抓緊，繁忙時偷閒。

——美國人際關係學大師　戴爾‧卡內基（Dale Carnegie）

很多人說：「空不出時間休息的人，早晚會空出時間生病」。

的確如此，一隻錶發條上得過緊，便走不了多久；一根琴弦被繃得過緊，就容易斷；一輛車常常開快就容易出事。我們如果不懂得放鬆和適當地休息，讓心裡和腦袋裡的弦繃得過緊，就容易出現緊張、鬱悶、心情煩躁，容易生病。

快節奏的生活讓現代人行色匆匆，每天繁忙的工作和頻繁的交際讓人們少了喘息的機會，也因此很多人疏於放鬆自己，總以「沒時間」、「行程很滿」作為藉口，但正是抱持著這種心理，讓越來越多的人深陷疲憊與疾病。

英國的偉大政治家之一，羅伯特‧沃爾波（Robert Walpole），每天都要為很多糾紛勞心費力，並時常要和老謀深算的政治家展開鬥智鬥力，可謂是日理萬機、身負重任。但他卻是個非常會自我放鬆的人，他總是說：「當我把衣服從身上脫下來的同時，我也完全卸下了一切重擔」。

放鬆，其實就是這麼簡單。

而另一位偉大的政治家威廉‧格萊斯頓（William Ewart Gladstone）也是個很好的學習榜樣。

在一天的工作結束之後，就算工作非常繁重，甚至令人煩悶，但在睡覺時，他也從來不會讓工作上的煩惱影響自己，他總是能安然入睡，做好充足的休息準備，第二天再繼續與工作展開「對決」。

其實生活節奏再快、工作再繁重，都不能成為阻止我們放鬆的理由。懂得放鬆的人才能更有效率地工作，我們只有適當地為自己的心靈鬆綁，才能有更充沛的精力迎接新的挑戰。

真正的放鬆並不在於我們休息了多久，而在於我們是否能真正放鬆。找到放鬆心靈的秘訣，即便負擔再重、工作再繁忙，我們都仍然能悠閒自得、輕鬆快樂。

 找回好情緒 *tips*

不要總為結果擔心

前美國心理學家協會主任威廉‧迪恩（Sir William Patrick Deane）在他的小短文《放鬆之道》當中寫道：「現代人太緊張，太在乎結果，太焦躁不安了，怎能說還有一種更好、更簡單的活法呢？」的確，在這個以結果決定成敗的時代，人們常常為結果而擔心。

在一項針對每天工作時間超過八小時的人的調查報告，有 **65%** 的人表示自己是因為「職場競爭激烈，擔心自己丟掉工作」而超時工作，而近年的一項研究報告也顯示，得過奧斯卡

金像獎的劇作家，其休閒時間竟然比整天軋戲的演員還要短，這與他們為了達成目標而經常將自己置於緊張狀態有關。

由於擔心未來的結果，很多人無法輕鬆地面對現在，所以心裡的弦總是繃得太緊。想要放鬆，就必須拋下這種想法。

如果有放鬆的機會，哪怕是幾分鐘，請你完全拋開心裡面的壓力、煩惱、以及一切的不愉快，讓自己暫時進入完全的放鬆狀態，這樣也許比你心事重重地躺在床上幾個小時來得更有效果。

☺ 用幽默來放鬆

不苟言笑的人總給人嚴肅的感覺，常會因自己營造出的氣氛而保持緊張和戒備狀態。但其實打破緊張的氛圍，讓心情放鬆相當容易，「幽默」就是一個很有效的方法。

眾所周知的美國前總統林肯（**Abraham Lincoln**）就是非常幽默的人，雖然處理政務讓他負擔沉重，但在事情異常緊急的時候，他總能以幽默的言語營造出輕鬆的氣氛。

身為《芝加哥每日新聞》（**Chicago Daily News**）的總編輯，亨利‧史密斯（**Henry Smith**），他總會在午休時間把所有的員工召集在一起，每個人安排一個角色，一起做一些起鬨的遊戲。當員工們投入於遊戲和幽默的談話當中，就幾乎暫時忘記了工作上的煩心事，一個中午下來，員工們精神飽滿，當然也能帶著好心情投入下午的工作。

在緊張的工作、生活當中，加入一些幽默元素，這不僅能給身邊的人帶來快樂，更重要的是能為自己贏得心靈上的放鬆。任何人都能培養幽默感，只要在生活中多發現有趣的事，多給自己找點樂子，我們就能過得更輕鬆。

☺不必過於追求完美

「不達目的決不甘休」、「不做到最好絕不停下來」，爭強好勝的人總會這樣要求自己。

為了一點小小的錯誤而自責反省，並花費大量的時間完善或彌補不足。即便是休息時間，他們也會為了工作上的事殫精竭慮，唯恐一個疏忽就會讓自己的完美計畫化為泡影，始終讓自己處在身心緊張的備戰狀態之下。

堅持不懈的努力固然重要，但不給自己喘息的機會，就會背負上過重的負擔，一旦被疲憊纏上，目標也將變得遙不可及。

夢想需要堅持，但這並不代表要分秒替自己上緊發條，世界上沒有完美的人，過於固執地追求完美只會把自己弄得筋疲力盡。

放棄完美主義，在適當的時候給自己的心放個假，不自我苛求，更不苛求現實，這樣才能活得輕鬆。

10-3 職業倦怠：你該休息了

誰不會休息，誰就不會工作。

——法國哲學家 笛卡兒（René Descartes）

　　激烈的職場競爭和千變萬化的職場變動，會使一些人陷入個人狀態的低潮，例如：工作時情緒不穩定、失眠、驚恐、精神無法集中，甚至表現得抑鬱、悲觀。

　　我們稱這些狀況為「職業倦怠」。

　　這是指上班族在工作的重壓之下，感受到能量被耗盡、身心俱疲，漸漸產生一種疲憊、困乏，甚至厭倦的心理，工作時難以提起興致，無法打起精神，只是憑藉著慣性反應在作業。

　　凱文在經過近十年的磨練之後，終於從一名小業務員升為一名企業主管，在一家大型企業擔任部門經理一職，薪水豐厚，工作也不再像以前那樣緊張了，凱文非常有幹勁，工作表現也相當不錯。

　　但是拼了兩年之後，他的工作熱情耗損光了，現在只要一進辦公室，他就開始頭痛。

　　他開始厭倦現在的工作，也沒心思批公文，在市場開發上也沒什麼有創意的想法，當然他負責的業務就停滯不前了，造成公司整體發

The Lesson for emotional management that
I wish I Had Been Taught.

展的停滯，產生嚴重的影響。

老闆對他越來越不滿意，一些重要的業務都轉而交給其他同職位的人處理，這讓凱文更沒動力了，整天渾渾噩噩，精神渙散，效率極低，覺得自己的工作前景一片渺茫。

．．．

「職業倦怠」已經成為現今困擾職場人的一個難題。生存壓力和業績考核給現在的職場人帶來很大的壓力，但是迫於就業現狀的緊迫和自身情況的限制，有時候又不得不堅持下去，導致自己長期處在緊張的壓力之下。我們說職業倦怠並不罕見，它的一般表現是：

▲連續一個禮拜以上無法順利入睡，甚至徹夜難眠。

▲在清晨時，常在恐懼感之中醒來。

▲心裡像灌了鉛，感覺非常沉重，卻又不知如何舒解。

▲工作時，大腦經常一片空白，無法集中精神。

▲對完成工作沒有信心，感到動力不足，工作狀態消極，甚至對工作本身產生極度的厭倦。

▲對工作喪失熱情，性情煩躁、易怒，對前途感到無望，對周遭的人事物漠不關心。

▲工作態度消極，對服務或接觸的對象沒耐心，對身邊環境和同事常有不滿情緒。例如，老師厭倦教書，便無故體罰學生；或醫護人員對工作厭倦，而對病人態度惡劣等等。

▲對自己的工作意義和價值的評價下降，常常遲到早退，甚至打算跳槽或轉行。

如果你在工作當中有以上一種或幾種的表現，那便說明你已經陷入「職業倦怠」，這會很大程度地影響工作效率，甚至造成精神、情緒、心理上的不穩定，變得焦躁不安、抑鬱，覺得快要被逼瘋了一

樣，嚴重影響個人的健康和正常生活。

一旦我們發覺自己陷入「職業倦怠」，就要馬上採取行動，讓自己儘快走出「職業倦怠」的沼澤。那麼在現實中，我們可以怎麼做呢？

找回好情緒 *tips*

☺替你的壓力找出口

職業倦怠產生的原因之一，就是工作壓力。這種壓力並不是人們剛進入職場後面臨的，往往都是那些在某個行業已經工作多年，具備了一定的工作經驗和能力的老鳥才能體會到的。正因為對一切程序瞭若指掌，得到更多人的信任，也因此對自身要求更為嚴格，認為工作結果不盡如人意，在無形中給自己背負了更大的壓力。

在廣告業工作了十餘年的蘿絲對此深有感觸，她說：「剛進廣告業時，覺得自己渾身充滿了幹勁，不管遇到多大的困難，我都信心滿滿，從來沒有猶豫過，也不覺得有什麼壓力。但現在做久了，卻總是擔心自己做得不夠完美，老是看到事情不如意的那一面，或是出問題，影響自己在上司心中的專業。面臨同樣的壓力，現在我太理性了，反而膽子變小了，面對難以解決的問題都會覺得束手無策，壓力非常大。」這樣的個案在職場中不是唯一，到底該如何改變這種現狀呢？

對此，蘿絲的做法是：「每當我的倦怠感開始出現，非常想逃避，不想上班時，其實我心裡都知道，不能就此放棄。所以，為了抒發壓力，我就會開車到沒人的地方，坐在車裡，聽著傷心的情歌大哭一場。這方法還蠻有用的，我哭過之後心情

會輕鬆不少，對我而言，這是抒壓的好辦法。」透過哭泣來發洩緊繃的壓力，確實是一種好方法。

我們這裡想說的無疑是：替你的壓力找出口，替你緊張的心放個假。以下介紹一些舒緩職場壓力的方法：

▲抽空休息：如果感覺壓力很大，工作提不起精神，沒有動力，不妨在工作之餘抽空到公司附近一些安靜的地方放鬆一下，例如：小公園、書店、咖啡廳等，讓精神得到暫時的放鬆，再投入到工作當中。

▲做你喜歡的事：做你感興趣的事更能找回你的熱情，讓你心情更愉悅，有助於緩解你的緊張情緒。

替一成不變的工作加點新元素

有些人產生「職業倦怠」的原因並非是工作不適合自己，也不是人際關係不和諧等外在原因，而是因為從事同一個工作過久，沒有新意導致厭倦感產生。

其實任何一項工作做久了都會如此，正如再美的臉也有「看膩了」的一天一樣。所以面對一個適合自己，但又因工作時間較長，而已經對其非常熟練的工作，我們的解決方法就是替工作注入一點新元素，讓它重新煥發生機。

對此，我們可以透過改變工作模式，在工作中嘗試一些新變革和突破，用不同以往的方式展開你一天的工作，替工作增加」一些新元素，以幫助你消除職業倦怠症。

把夢想分解出近期目標

一個人如果目標不明確，不知道自己下一步應該做什麼，因而產生空虛感，就很容易陷入消沉狀態，進而導致「職業倦怠」。

如果你正因為前途迷茫而信心和動力不足，那不妨先整理

一下自己的目標，理清自己最想得到什麼，並將其分解為可以實現的近期任務。

弄清楚自己現在應該做什麼，要實現最終的夢想，自己現在還有哪方面不足的，制定一個詳盡的個人計畫。例如，要求自己必須在一定時間內取得某種資格證照，之後就將其納入自己的行程安排當中，並找機會進修以達成目標。讓自己精神飽滿，替自己的工作注入新動力，就有助於擺脫職業倦怠的困擾。

培養一些業餘愛好

工作當然不可能一帆風順，但若以不斷加班的方式來面對工作難題，時間久了就會使人產生疲倦。如果還無法得到什麼實質性的進展，或是做錯了某些決定，就更容易使你陷入消沉，從而導致工作效率的下降。

這種情況下，如果你能培養一些業餘愛好，在工作之餘做一些自己有興趣的事，便有助於你平衡心理，增加信心，也能為一成不變的工作增添新元素，找回工作熱情。

再不行？換個工作「環境」吧

另一種類型的「職業倦怠」，原因在於對現有的工作不滿，這往往由於多種情況造成的。例如，工作沒有發展前景、公司離家太遠、薪水太低、上司脾氣暴躁、同事難相處、各種人際關係難以處理、經常加班、工作太累等等，長時間的不滿導致厭倦和疲乏，而影響工作上的表現。

有些人深陷這種狀況而無法自拔，其中很重要的原因是捨不得公司開出的高薪，或者是由於工作內容相對輕鬆，才選擇留下來，但面對工作的心態卻不設法改善，其實這也不是個明智的做法。

一個人只有具備積極的工作態度，才能在工作當中不斷挑戰自我，讓工作充滿著樂趣和驚喜。

　　「更新」工作環境，可以為我們注入新的活力，新環境，並不僅僅意味著換新工作，它還可以是以下幾個方式：

　　▲換工作：如果你僅僅是為了高薪或工作輕鬆，而捨不得放下，那麼還是勸你換個工作，選擇更適合自己發展、更能激發熱情的工作。

　　▲學會製造快樂：如果現在的工作符合你的職涯發展，其他條件也都相對較好，只是因為環境過於一成不變致使你產生厭倦，那麼你不妨嘗試在工作中適當地製造一些歡樂，找到工作的新樂趣。

　　▲改變辦公桌的擺設：雜亂無章的工作環境會導致工作效率的下降，如果能將工作空間改變成可以配合做事習慣的新模式，並在空間中擺放綠色植物或有趣的擺設等，那效果將大為不同，在這種充滿新鮮感的環境下工作，很容易就能讓你有煥然一新的感受。

10-4 找出平凡生活中的「羅曼蒂克」

　　如果一個人不能在他的工作中找出點『羅曼蒂克』來，就不能怪罪於工作本身，而只能歸咎於做這項工作的人。

——鋼鐵大王　安德魯・卡內基（Andrew Carnegie）

　　「羅曼蒂克」（Romantic），即浪漫、富有詩意、充滿幻想，它常形容一種愛情樣式，充滿了美感，極具浪漫、陶醉和新鮮感。

　　所謂「羅曼蒂克」情懷，是指一個人抱著一顆美好、浪漫、充滿情趣的心靈來感受生活中的一切，帶著這樣的浪漫情懷在工作和生活，那一切都會充滿樂趣。

・・

　　美國鮑爾文火車製造廠廠長薩姆爾・沃克萊（Samrel Vauclain），早期他還是一名工人時，也曾為十分枯燥且繁重的工作而煩躁不已，那時他每天都要製造很多螺絲釘，不停重複著同樣的工作讓他很厭煩，他害怕自己一輩子就要這樣度過了。和他一起工作的同事麥克也有同感，兩個人都覺得很無聊，認為自己大材小用，因此總是滿腹牢騷。

　　但是沃克萊意識到這樣的工作態度是不對的，畢竟找工作不容易。

那要如何才能讓無聊的工作變得有趣呢？沃克萊思前想後，終於想出了一個辦法。一天，他對同事麥克說：「我們來比賽吧，你先在你的旋機上磨釘子，之後我再將它們旋成一定尺寸的螺絲釘。看看我們誰出的釘子多，如果你覺得煩了，就換我去磨釘子，你來旋釘子，怎麼樣？」

　　麥克聽了覺得似乎挺有趣的，於是他們開始比賽。而這個方法也果然見效了，原本無聊的工作變得不再那麼沉悶，兩個人的工作效率大大提高了，釘子做得又快又好。不久之後，他們就被上司獎勵了。

. . . .

　　一些人在工作時出現壞情緒，往往都是認為日復一日一樣的工作太平淡，了無新意，或是工作上有持續的巨大壓力令自己難以承受。但是工作總會有壓力，任何工作做久了難免會歸於平淡。

　　對生活是否有熱情，並不在於生活本身要有多少活動，而在於我們是否能以一種「羅曼蒂克」的心情，來看待生活上的許多小事。在日復一日的工作中加入「樂趣」，在平淡無奇的生活中找到「情趣」，就能讓我們化沉悶為熱情，其實任何事都是如此。讓自己多點「浪漫心情」，你的生活就會頓時變得五彩繽紛。

　　那麼，你該如何做才能找回「浪漫」情懷呢？

找回好情緒 *tips*

拋棄過於現實的想法

太過現實的人往往過得不快樂，只想著誰家的房子大，誰又換新車了，誰職位又升了、誰又加薪了，而自己比較起來卻是處處不如意，我賺得不多，只能租房子，我愛情不如意……不滿就像小山一樣不斷堆積，一連串的失落、抱怨、和煩躁讓心情越來越差。

房價漲了，物價漲了，油電也漲了，這些讓人頭痛的問題的確存在，但我們也無法輕易地脫離現代生活，轉向自給自足。如果我們老是為此鬱鬱寡歡，抱怨不停，那就永遠只能過著哀嘆的人生。

現實的確如此，抱怨或牢騷也無濟於事。與其如此，不妨給自己留點「逃脫現實」的空間，你可以將那些讓人頭痛的現實問題統統拋到腦後，偶爾天馬行空的放逐自我，用樂觀的態度處理那些過於現實的問題，你會發現，其實情況並沒有你想得那麼痛苦。

該解決的問題，你可以等到心情放鬆之後再去解決。心情對了，做什麼都快樂多了。

用 enjoy 的心態去看待

現實不可能完美，總存著許多不盡如人意的地方，即使我們不去想那些現實問題，到頭來那些事還是等著我們去面對和解決。

雖然我們可以暫時放鬆，替自己的心情放個假，但可不能永遠生活在想像裡。就像是回憶學生時代可以是一種抒壓的方式，卻不能作為逃避現實的藉口。現實終究是現實，我們必須

The Lesson for emotional management that
I wish I Had Been Taught.

面對，但是我們可以換種心態去看。

俄國作家高爾基（Maksim Gorky）曾說：「我們若要生活，就該為自己建造一種充滿感受、思索和行動的時鐘，用它來代替這個枯燥、單調、以愁悶來扼殺心靈、帶有責備意味和冷冷地滴答著的時間。」

有些人可以讓平凡的生活充滿樂趣，就是因為他們始終帶著一種「enjoy」的態度來看待。就像我們一開始的故事，即便是瑣碎無趣的製作螺絲釘的工作，沃克萊也能從裡面找到樂趣。

眼界決定你生活的境界，心態決定你的姿態，只有你的視野改變，心態改變了，看到的東西自然都不一樣了。用enjoy的心態看待生活，生活才值得你enjoy。

偶爾「做夢」也無妨

「別再做你的白日夢了！」當不切實際的夢想與嚴酷的現實碰撞時，人們常常給出這樣的評價。

「夢想」，在現實中很容易顯得虛幻，但適當地給自己「夢想」，並不是一件壞事。相反地，這樣的夢還能替現實中的你帶來更多希望和衝勁，使你得到更多的力量和熱情。

當我們身處困境時，不如想像　下達成夢想之後的情景。我們將會得到什麼樣的喜悅，過上什麼樣的人生，甚至憧憬一下未來，即便是過度的樂觀，也好過你的悲觀與失望。

更快樂，找尋你燃燒熱情的事物

歲月可使人的皮膚產生皺紋，但是放棄了熱情則使人心靈萎縮。

——捷克作曲家　烏爾曼（Viktor Ullmann）

現實證明一切都是如此，我們永遠只對自己感興趣的人事物印象深刻。例如一次得獎的經驗，自己喜歡的人，一堂喜歡上的課，某句讓自己陷入沉思的話，甚至一個似曾相識的眼神，都能讓我們印象深刻。

而又是什麼讓我們對它們記憶猶新呢？是的，就是「熱情」。

熱情是隱藏在我們身體裡的按鈕，每個人都擁有，雖然它看不見也摸不著，但是你一定感覺得到，它就像施了魔法一樣，只要你啟動按鍵，你就能得到源源不斷的力量，永不枯竭。

••

她在十一歲的時候，開始學舞，對跳舞產生熱情；在十九歲的時候，中斷大學學業，前往紐約闖蕩。她去紐約的時候，口袋裡只有三十七塊美金，最窮的時候，還撿過垃圾桶裡的漢堡充飢。

她二十歲的時候，一邊打工當服務生，一邊接受嚴格的舞者訓練；二十一歲的時候，自己組樂團；二十三歲的時候，錄製自己的試唱帶四處推銷；二十五歲的時候，終於發行首張同名專輯，全球的總

銷售量達到九百萬張。

三十歲的時候，百事可樂砸下五百萬美金請她代言廣告；三十三歲的時候，她以八億日圓的天價加盟了Life Nation公司，並成為公司股東之一；三十九歲的時候，她成為電影女主角，並奪下金球獎最佳女主角獎（Golden Globe Awards）；四十歲的時候，她獲得葛萊美最佳流行音樂專輯獎；並在四十九歲的時候，獲選進入搖滾名人堂。

她是瑪丹娜（Madonna），她心中滿懷著誰都比不上的熱情，那她又是從什麼時候開始走向成功的呢？

她就是從燃燒熱情的那一秒開始，就已經邁向成功的道路了。她的熱情，使她無懼於任何人的否定，不會隨著別人的意見而隨波逐流。她下定決心，要對所有事情貪得無厭，所有說得出口的事情，說到就要做到。

熱情一舉將她推向成功，那我們何不也試著重拾熱情，邁向成功呢？

⋯⋯⋯⋯⋯⋯⋯⋯⋯⋯⋯⋯⋯⋯⋯⋯⋯⋯⋯⋯⋯⋯⋯⋯⋯⋯⋯⋯⋯⋯⋯⋯⋯

當你的熱情被激發了之後，無論面對多痛苦的處境、多艱難的問題，你也會覺得「很快樂」，它能為你帶來最深的幸福感受。如果你的熱情常常被燃起，你的心境也會漸漸改變，心情變得輕鬆，充滿快樂。

若你在與人來往時不斷刺激這種熱情，你就能像磁鐵一樣，吸引快樂，吸引正向力，吸引他人的目光。它能給你帶來一連串美好的感受，使你精力充沛，勇往直前。

其實，熱情就是，當你遇到某件事時，突然覺得眼前一亮，甚至整個人一下子振奮起來。別懷疑，此時你的熱情正在被激發出來。

找回好情緒 *tips*

☺ 找到自己喜歡做的事

興趣有時會和我們的熱情重疊，例如，有人聽到鋼琴聲，就會有一種想要彈奏曲子的衝動；有人看到模特兒走秀，就會想衝上去走走；有人在聽歌時，就會萌生想要即興創作的靈感與舉動。

讓我們感興趣的事，一定是刺激了人們的熱情，使人們對這個狀態產生興趣和追求，就像德國作家歌德（Johann Wolfgang von Goethe）說：「哪裡沒有興趣，哪裡就沒有記憶。」

在做自己感興趣的事情時，我們會覺得精力充沛，非常輕鬆愉快，這是因為我們的狀態已經觸碰到熱情的按鈕。找到自己有興趣的事，喜歡做的事，我們也就更容易找到自己的熱情。

興趣的產生，有時來自於天賦，也就是說，當我們來到這個世界上時，我們的身體裡，就有著這樣的熱情，當我們被相應的人事物刺激之後，就會覺得快樂、幸福，這可說是一種本能的反應。

但有些時候，有的人卻一直沒有發現這種潛在的熱情，也就是說，他們不知道自己的興趣到底在哪裡。這時該怎麼辦呢？當然，我們可以透過培養興趣替自己找出新的熱情，而當啟動這些興趣時，你一樣會覺得快樂。

這就像是一個在音樂世家長大的孩子，從小對美妙的樂聲耳濡目染，就算他沒有這種天賦，也會形成他的興趣，因為長時間的影響，讓他建立起這件事的熱情，我們當然也可以這樣

去做。

當你覺得自己做什麼事都沒什麼興趣時,你可以找出一件能讓你積極投入的活動,而這就是讓你燃燒熱情的事物。例如,跑步、看電影或是唱歌,每天堅持去做,讓它幫助你燃燒熱情,注入勇往直前的力量。

自我鼓勵很重要

小孩在聽到父母或是老師的鼓勵或稱讚時,都會變得更積極、認真、充滿動力。其實大人也是如此,就算你在接受誇獎時表現得十分平靜,但其實你的內心是很開心雀躍的,這是非常自然的事情。因為享受讚美是每一個人內心潛在的渴望,一切與讚美有關的事情都能讓你更快樂。

所以你應該盡可能地利用它,讓自己更快樂、充滿自信,不要總是期盼別人的讚美與鼓勵,你可以「自己來」,例如,說些:「我超厲害」、「我很棒」、「我可以幫忙解決這個問題」、「我做得非常好」,透過這些簡單的自我鼓勵,來激發自己,喚醒內在的動力。

想想過去的成功經驗

俗話說:「好漢不提當年勇。」對我們來說,適當地回憶一下過去的成功,能夠有效刺激我們的熱情再現。

這個問題早已得到證明,回想一下,當你的朋友開始講述他過去的光輝歷史時,是不是都會很興奮,甚至雙眼閃耀著喜悅的光芒,像此時的他仍然跟過去一樣厲害、沒有改變,這就是過去成功的經驗帶能給我們的積極效果。

在失意或是空閒時,你可以想想自己過去的成就,激勵自己,向自己傳遞「我現在一樣好」、「我能夠表現得更好」的

信號，使自己再度燃燒熱情。

☺ 找到實現夢想的途徑

有夢想才有熱情，對夢想的渴望常常成為我們挑戰自己和阻礙的原動力。

夢想會激起我們潛在的熱情，當你深陷逆境而疲憊不堪時，在心裡想像有關夢想的細節，就能迅速點燃你內心的熱情，讓你充滿動力，時常想像自己的夢想，你就能時刻獲得力量。

抒壓小撇步

伸展肢體動一動

長時間維持一樣的姿勢會讓肌肉過度緊繃，讓身體無法正常運作新陳代謝，累積更多的疲勞與壓力。平常有空時就站起來動一動、走一走，每小時休息五到十分鐘，透過幾個伸展肢體、腰部的動作，加上深呼吸，就能馬上神清氣爽起來。有時你覺得壓力大，其實是你的身體在發出警告，你如何對待身體，它就會如何回應你。

不當工作狂，找回慢活的快樂

你的時間有限，所以不要為別人而活。不要被教條所限，不要活在別人的觀念裡，不要讓別人的意見左右自己內心的聲音。最重要的是，勇敢的去追隨自己的心靈和直覺，只有自己的心靈和直覺才知道你自己的真實想法，其他的一切，都是次要。

——蘋果公司前任執行長　賈伯斯（Steve Jobs）

你是否有想過一個問題？為什麼有些人工作起來，充滿熱情和幹勁，有些人卻意興闌珊，總想著換工作，絲毫沒有一點熱情。這兩種人的差別僅在於用什麼角度來看待工作，是用Why還是What或是How。

Ted有一則點閱率相當高的「黃金圈理論」演講影片，講授人為賽門·史奈克（Simon Sinek），他在台上隨手畫了三個同心圓，從外到內分別是：What→How→Why。一般我們會認為How才是最重要的，但他卻反向思考，認為Why應該才是重中之重，這個理論看似他個人的見解，但沒想到影片一上架，竟引起眾人議論，帶來革命性的思維。

Why可說是每件事的起源，可以是理念、是願景，只要它夠清晰，緊接著How也會明朗起來，最終順利得到你想要的What。工作從

不會主動帶給你意義，唯有你賦予它意義，所以試著想想你對現在這份工作的Why，先找到自己是為了什麼而做，你才能充滿熱情的一直做下去，而不是當個工作狂，只曉得日以繼夜的工作，拖垮自己的身體健康。

曾有篇中央社的新聞：

致力於防治中風的高雄長庚醫院中醫部的主治醫師邱顯學，三年前在自家醫院內中風，當場針灸自救成功。原本拚命三郎的他走過這段路之後，人生從此變得「慢活」。

「當時我發脹的腦子裡閃過一個念頭，我中風了！」邱顯學回想當時情況，仍心有餘悸。當時覺得後腦頭皮發麻，迅速擴散至雙眼視野周圍，右半邊身體漸漸沒有知覺，無法使力。

邱顯學當下靠著牆邊，以左手拿起隨身攜帶的針灸針，自行將針刺入後腦勺中央的「強堅穴」，右手馬上恢復知覺，讓他可以拿起手機打電話求救，然後一跛一跛地走至院內急診室治療。

他說，很幸運的是，缺血性腦中風發生時是在醫院，院內同事快速救助，結合自己所學的中醫針刺，加上持續復健，身體康復得很快。

邱顯學走過這段短短的路程後，其人生觀因此改變，生活作息從紊亂變得規律慢活，看診時也更能體恤中風病人的心情，以及他們面臨的重重障礙。

「沒想到這段短短的路程讓我的一生有了重大改變。」邱顯學希望以過來人的經驗向大家分享，鼓勵更多病友與家屬，不要錯失中風就醫的黃金時間，以免影響日後復原。

邱顯學說，中風前幾天他熬夜趕報告，一早又趕著開會、看診，

一連多天太累睡不好，加上精神壓力太大，因而中風。

他也表示，中風復發率很高，呼籲病友放慢人生腳步，除注意飲食及運動外，每天一定要睡飽，心情也要舒壓，享受慢活人生才是。

. . . .

在朝九晚五的工作之中（甚至更長），要顧慮到休息和抒解壓力並不容易，而且效率也不一定好。

英國蘭卡斯特大學（Lancaster University）研究工作壓力的專家卡里・庫伯（cary cooper）教授則說：「超長時間的工作無疑會讓你疲憊，如果你一直都這樣，那麼大腦運行和身體健康就會受到影響。不僅如此，它還會影響你的工作效率。」超時工作除了對健康不利，它的「副產品」疲憊和持續的緊張，難免會引發嚴重的情緒問題。

越來越多人開始意識到「慢活」的好處，並付諸實行。「慢」不單是減慢速度，而是懂得為生活作出適當且適合自己的選擇，不盲目地附和他人。

若你想拋下工作狂的身分，就得先學會慢活的快樂。

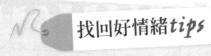

找回好情緒 *tips*

😊 避免夜晚工作

形容一個人是工作狂，往往會用「夜以繼日」這個詞，其意是指晚上連著白天，連續不斷地工作。

我們說，在夜晚連續工作相對於白天而言，將造成我們身體更大的負面影響，對精神、身體的傷害可非同一般，而這最終又會影響我們的情緒。夜晚工作的壞處如下：

▲傷害皮膚：長期熬夜會導致人體的神經系統失調和內分泌失調，使我們的皮膚變得乾燥、沒有彈性與光澤，甚至出現大量痘痘、粉刺、黑斑等。特別是一些愛美的女性，長時間熬夜就會導致「花容失色」，如此，外觀影響心理，難免會心情更不好。

▲損害健康：熬夜會打亂我們人體的生理週期，破壞器官正常的排毒效果，導致抵抗力下降，使我們更容易生病，因而吃不下、睡不飽，心情自然好不了。

▲記憶力下降：一般情況下，我們的交感神經是在白天興奮，而長期熬夜會打亂我們的生理時鐘，使我們的交感神經在夜間變得興奮，而到了第二天，我們在工作時就會覺得精神疲乏，頭痛，頭昏腦脹，記憶力減退，反應遲鈍，或是注意力不集中、健忘和頭暈。這種狀態很難應付白天的工作，也無法按時高效率地完成工作，心情又怎麼可能會好呢？

▲視力衰退：長期熬夜，過度使用眼睛，不僅會導致「熊貓眼」，還會出現眼睛乾澀、疼痛、視力減低等問題，甚至引發結膜炎或角膜炎等。假如因為過度使用電腦，而出現眼疾就得不償失了，眼睛壞了，你失去的永遠比不上你得到的。

熬夜工作對我們的心情有著直接或間接的影響，所以我們應該盡可能地避免夜間工作，充分休息，這樣才有足夠的精力投入隔天的工作。

😊 在正確而高效率的時段工作

我們都有這樣的體會，當我們能高效率地完成工作時，通常會覺得心情愉悅。若我們經常不分白天黑夜的連續工作，就往往達不到這種效果，還可能因為疲憊而導致效率下降；因此，與其當工作狂，不如選擇正確且有高效率的時間展開工

作。那在一天中，什麼時候工作效率最好呢？

　　有關研究表示，若你的工作時數是八小時，那麼其效率上升到一個最大值後，便會開始下降，且在到達最高效率之前，會有一個「爬升階段」，這個爬升時段便在上午剛開始辦公的那段時間，代表人們在早上的工作效率，要比在下午好。所以你應該儘量把握早上的時間，確保這段時間的精神充沛，分秒必爭地去處理一些較為重要的事情。

　　特別是上午十點，人體的記憶力和注意力通常會達到顛峰，在這時候工作效率最好，千萬不要浪費。

　　除此之外，下午四點到六點也是不錯的時間，這時可以完成一些較為重要，或是需要耗費大量精力的工作。但想要在白天保持精神充沛，一個非常重要的前提就是：要保證良好的睡眠，所以你還需要從調整作息時間開始。

留私人時間給自己

　　工作狂總將所有的時間都奉獻給工作，長時間的精神緊張很容易導致疲勞，更可能引發嚴重後果。就如同一根拉得過緊的橡皮筋，最終的結果是斷裂。所以工作狂式的工作方式並不值得提倡，不懂得放鬆的人就永遠無法做好工作。

　　英國前首相邱吉爾（Sir Winston Leonard Spencer Churchill）曾說：「很抱歉，我每天中午都必須像個孩子一樣上床睡覺，醒來以後，我就能一直工作到半夜一、兩點，甚至更晚。」一個短暫的休息就能讓疲憊的狀態得到緩解，即便工作非常繁忙，也要替自己留出一些時間。哪怕半個小時，精神得到放鬆之後，再重新投入工作，效率反而會更高，而高效的工作成果也能讓我們的心情愉悅。

☺慢活：從運動開始

除了有氧運動，有很多「慢」的運動都有益身心。例如，瑜伽、氣功，甚至靜坐冥想，都有利於我們的身心平靜，達到健康的目的。有越來越多的人已經不再用跑步、游泳來保持運動習慣，而是選擇自己應付得來的「慢」運動，來保持心情愉快。

☺慢活：從吃開始

除了外食外，你還可以試著自己煮，花些時間，選擇好的食材，例如：選擇有機蔬菜，吃的時候先欣賞食物的外觀，再慢慢品嚐它的味道。如果有親朋好友相伴更好，一起享受食物的美味，而不是單純的「吃飽」或趕時間「亂吃」。

☺慢活：從走走看看開始

現代人與其依賴汽車，不如試著走路，當然，散步更好。除了多點運動的機會，也讓你有時間欣賞周遭的風景，認識新朋友。國外有越來越多的城市已經增加了更多的行人道路或行人專區，甚至重新規劃社區，減少公路，並增添一些有自然景觀的小徑，讓市民有更多「走走看看」的美妙體會。

藉由生活上各種的「慢化」，讓你找回更多確幸，這就是慢活的真諦。

你的怒氣會傷身嗎？

你經常發脾氣嗎？你知道自己可能因此得到心臟病嗎？《生氣致命》（Anger Kills）一書的作者──美國杜克大學教授威廉斯（Redford Williams），累積多年研究醫學及精神學的經驗，設計出一份測驗敵意程度的問卷，以期能對症下藥。下列量表雖由美國人所設計，但同樣適用於台灣人。

Q：量量看，你的怒火是否已威脅到心臟的生存權？ 以下答案為肯定者，計1分。

1. 你是否曾對某人非常生氣，而亂摔東西或用力甩門？

2. 你是否總惦記著惱人小事，並一再地為此發脾氣？

3. 繁瑣雜務是否終日揮之不去，讓你既沮喪又沒耐心？

4. 當你在超級市場櫃台大排長龍時，是否會不斷趨前觀察前面的動靜？

5. 如果美髮師把你的頭髮剪得比想像中還短，你是否會連續氣憤好幾天？

6. 如果開車時有人與你爭道，你是否會閃燈或按喇叭？

7. 過去幾年，你是否曾因為好朋友的表現不符你的期待，而和他疏遠？

8. 如果配偶的生活細節與你不合，是否會讓你不悅？

9. 當你和人爭論時，是否會覺得脈搏逐漸加速？

10. 別人的能力不足，是否會激怒你？

11. 如果收銀員找錯錢，你是否會直覺地認為他想騙你？

12. 如果有人遲到，你是否會準備好要罵他的氣話？

答案揭曉

總分為3分及以下者：**有夠冷靜，不必多慮。**

總分為4至8分者：**黃燈已亮，生氣可能會提高你罹患心臟病的機率。**

總分為9分及以上者：**敵意衝到最高點，早逝的風險明顯增加。**

（摘自《遠見雜誌》第112期）

★ 人生最高境界 ★

斜槓創業

超譯易經
知命・造命，不認命，
掌握好命靠易經！

幸福人生終極之秘
決定您一生的幸福、快樂、
富足與成功！

眾籌
無所不籌・夢想落地

玩轉眾籌實作班
大師親自輔導，保證上架成
功並建構創業 BM！

行銷絕對完勝營
市場ing＋樓建初追輔，
賣什麼都暢銷！

世界級講師培訓班
理論知識＋實戰教學，
保證上台！

公眾演說的秘密

寫書 & 出版實務班
企畫・寫作・保證出書・
出版・行銷，一次搞定！

642

★ 保證有結果的國際暢銷課程 ★

BU生之樹，為你創造由內而外的富足，跟著BU學習、進化自己，升級你的大腦與心智，
改變自己、超越自己，讓你的生命更豐盛、美好！

新・絲・路・網・路・書・店
silkbook◎com　www.silkbook.com　魔法講盟

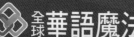

學習領航家—— 📺 新絲路視頻

讓您一饗知識盛宴，偷學大師真本事！

活在知識爆炸的 21 世紀，您要如何分辨看到的是落地資訊還是忽悠言詞？
成功者又是如何在有限時間內，從龐雜的資訊中獲取最有用的知識？
巨量的訊息，帶來新的難題，新絲路視頻讓您睜大雙眼，
從另一個角度重新理解世界，看清所有事情的真相，
培養視野、養成觀點！

想做個聰明的閱聽人，您必須懂得善用新媒體，不斷地學習。📺 新絲路視頻 便提供閱聽者一個更有效的吸收知識方式，讓想上進、想擴充新知的你，在短短 30 ～ 60 分鐘的時間內，便能吸收最優質、充滿知性與理性的內容（知識膠囊），快速習得大師的智慧精華，讓您閒暇的時間也能很知性！

▶ 師法大師的思維，長知識、不費力！

📺 新絲路視頻 重磅邀請台灣最有學識的出版之神——王晴天博士主講，有料會寫又能說的王博士憑著扎實學識，被喻為台版「羅輯思維」，他不僅是天資聰穎的開創者，同時也是勤學不倦，孜孜矻矻的實踐家，再忙碌，每天必撥時間學習進修。他根本就是終身學習的終極解決方案！

在 📺 新絲路視頻 ，您可以透過「歷史真相系列 1 ～」、「說書系列 2 ～」、「文化傳承與文明之光 3 ～」、「時空史地 4 ～」、「改變人生的 10 個方法 5 ～」一同與王博士探討古今中外歷史、文化及財經商業等議題，有別於傳統主流的思考觀點，不只長知識，更讓您的知識升級，不再人云亦云。

📺 新絲路視頻 於 YouTube 及兩岸的視頻網站、各大部落格及土豆、騰訊、網路電台……等皆有發布，邀請您一同成為知識的渴求者，跟著 📺 新絲路視頻 偷學大師的成功真經，開闊新視野、拓展新思路、汲取新知識。

密室逃脫創業育成

Innovation & Startup SEMINAR

體驗創業 → 見習成功 → 創想未來

創業的過程中會有很多很多的問題圍繞著你，團隊是一個問題、資金是一個問題、應該做什麼樣的產品是一個問題……，事業的失敗往往不是一個主因造成，而是一連串錯誤和N重困境累加所致，猶如一間密室，要逃脫密室就必須不斷地發現問題、解決問題。

創業導師傳承智慧，拓展創業的視野與深度

由神人級的創業導師──王晴天博士親自主持，以一個月一個主題的博士級 Seminar 研討會形式，透過問題研討與策略練習，帶領學員找出「真正的問題」並解決它，學到公司營運的實戰經驗。

創業智能養成 X 落地實戰技術育成

有三十多年創業實戰經驗的王博士將從──價值訴求、目標客群、生態利基、行銷＆通路、盈利模式、團隊＆管理、資本運營、合縱連橫，這八個面向來解析，再加上最夯的「阿米巴」、「反脆弱」……等諸多低風險創業原則，結合歐美日中東盟……等最新的創業趨勢，全方位、無死角地總結、設計出 12 個創業致命關卡密室逃脫術，帶領創業者們挑戰這 12 道主題任務枷鎖，由專業教練手把手帶你解開謎題，突破創業困境。

保證大幅提升您創業成功的機率增大數十倍以上！

魔法講盟——
抖音特訓班

**15 秒短影音，讓您吸引全球注目，
一支手機，創造百萬收入！**

近年，
各大社群平台都流行以
「影片」來吸引用戶的眼球，
但不同以往那些長 30 秒，甚至是長達
幾分鐘的廣告，
全球瘋「短影音」，現在只要影片超過 20 秒，
用戶注意力就會消失，
而精彩的短片正是快速打造個人舞台最好的方式。

猜測那個平台最有效，
不如把心力花在思考如何有效運用社群平台？

您可能會問，那麼多社群平台為什麼要選擇抖音？
現在各大社群 FB、IG、YouTube 都有短影音，
但它們現在的觸及率不到 2％！
抖音是目前所有社群平台裡觸及率及流量高達 100％的平台，
不用任何一毛廣告費，您就能獲得超乎期待的回報！
現在就拿起手機拍影片，打造超級人氣，
讓大把鈔票流進口袋！

教您……

- ♪ 帳號定位與營運
- ♪ 拍攝介面應用實作
- ♪ 影片拍攝剪接實作
- ♪ 爆款漲粉製作
- ♪ 內容架構執行規劃
- ♪ 錄影技巧實作
- ♪ 背景音樂使用實作
- ♪ 粉絲變現導流量

一支手機，就讓全世界看到您！

開課日期及詳細授課資訊，請掃描 QR Code，或上 新·絲·路·網·路·書·店 silkbook✪com https://www.silkbook.com 查詢

國家圖書館出版品預行編目資料

與壞情緒和解 / 楊婕著. -- 初版. -- 新北市：
創見文化，2020.07　面；公分. --
(成功良品；112)

ISBN 978-986-271-883-4(平裝)

1.成功法　2.情緒管理

177.2　　　　　　　　　　109004476

與
壞
情
緒

和
解

立即見效，一輩子都受用的
10堂**情緒管理課**

成功良品112

與壞情緒和解

本書採減碳印製流程
並使用優質中性紙
（Acid & Alkali Free）
最符環保需求。

出版者／創見文化
作者／楊婕
總編輯／歐綾纖
文字編輯／牛菁　　　　　　　美術設計／Mary

台灣出版中心／新北市中和區中山路2段366巷10號10樓
電話／（02）2248-7896
傳真／（02）2248-7758
ISBN／978-986-271-883-4
出版年度／2020年7月

全球華文市場總代理／采舍國際
地址／新北市中和區中山路2段366巷10號3樓
電話／（02）8245-8786
傳真／（02）8245-8718

全系列書系特約展示
新絲路網路書店
地址／新北市中和區中山路2段366巷10號10樓
電話／（02）8245-9896
網址／www.silkbook.com

本書於兩岸之行銷（營銷）活動悉由采舍國際公司圖書行銷部規畫執行。